文芸社セレクション

令和時代の女子大学

今、求められる役割と意義

向井 一江

MUKAI Kazue

文芸社

目　次

序　章　はじめに

第1節　問題設定

　2019年5月1日、天皇陛下（御名・徳仁^{なるひと}）は午前0時、皇室典範特例法規定にしたがい、第126代天皇に即位。同時刻に元号は「平成」から「令和」に改められ令和元年がスタートした。新しい元号「令和」については、即位前4月1日の臨時閣議で決定、新元号を定める法令には平成の天皇が署名して即日公布された。「大化」から「平成」まで元号出典は中国古典からであり、令和が初めて日本の古典（万葉集・「梅花の歌三十二首」序文―「初春令月、気淑風和、梅披鏡前之粉、蘭薫珮後之香」―）からの引用となった。「人々が美しく心を寄せ合う中で文化が生まれ育つ」などの意味を込めたと、首相談話も発表された。（読売新聞2019.5.1）

　新しい時代を迎え、昭和から平成の時代における国内外の男女格差是正に向けた主な取り組みから、女性をとりまく環境はどう変わり進展したのか（また後退した可能性はどうか）を検証してみたい。

●男女共同参画社会の実現に向けた国際婦人年以降の国
　際的な取り組みより
　国際連合が性差別撤廃と女性の地位向上を目指して設

けた国際婦人年は、1975（昭和50）年6月、メキシコ市
で第1回女性会議を開催、1975 〜 1985（昭和50 〜 60）
年までを「国連婦人の10年」にすることを決議した。
ここでは世界行動計画を立て、世界各国、各機関、各団
体が女性の地位向上のために地域の実情に応じて行動す
ることを呼びかけた。

　日本も1977（昭和52）年、国内行動計画を策定し国
立婦人教育会館（現・国立女性教育会館）を設置。国連
婦人の10年の中間年にあたる1980（昭和55）年、コペ
ンハーゲンで第2回世界女性会議が開催されており、当
時のデンマーク大使であった高橋展子氏が女子差別撤廃
条約に署名した。国内でも男女格差是正のための法改正
（「国籍法」改正）や新たな法律を制定（「勤労婦人福祉
法」を大改正し新たに「男女雇用機会均等法」公布）に
着手するなど条件整備の後、1985年に女子差別撤廃条
約を批准した。締約国は条約履行のために行う立法、司
法、行政、その他の措置によりもたらされた進捗の報告
書を国連事務総長宛てに提出する義務を負うことになっ
た。

　また報告書の審査結果は国連の女子差別撤廃委員会よ
り総括所見として公表され、勧告された内容が、次に提
出する報告書までの課題となる。課題解決のために日本
政府は、働く女性の子育て支援に1991（平成3）年「育

児休業法」を公布し、1995（平成7）年には家族への介護休業制度を「育児休業・介護休業法」へ改正し、1997（平成9）年に男女共同参画審議会設置を法制化した。これで「男女共同参画社会基本法」の国会提出が具体化した。

● 「男女共同参画社会基本法」の公布・施行へ（詳細は第1章第2節参照）

　性差別の解消と女性の人権を尊重する女子差別撤廃条約の批准から14年を経て、いよいよ「男女共同参画社会基本法」が1999（平成11）年6月に公布・施行された。
　前文には「男女が互いの人権を尊重しつつ責任も分かち合い、性別にかかわりなく、その個性と能力を十分に発揮することができる男女共同参画社会の実現は、緊要な課題となっている」と記され、これからの日本社会においての方向性を決定する最重要課題に位置づけられた。性の違いで差別的な取り扱いを受けないこと、社会制度や慣行によって性に基づく固定的な役割が押しつけられないようにすることなどが初めて法律によって規定された。ところが現在も男性優位の社会システムは依然として残存し、人口の半数を占める日本の女性たちは、今なおその能力や実力を十分に発揮できずにいる。

　たとえば『ひとりひとりが幸せな社会のために─令和元年度版データ』内閣府　男女共同参画局発行・編集によれば〈男女の地位の平等感〉　内閣府「男女共同参画社会に関する世論調査」平成28年9月調査男女の地位の平等感について（回答者3059人のうち女性1655人、男性1404人）、社会全体でみた場合、74.2%が「男性の方が優遇されている」と回答している。

〈GGI（ジェンダー・ギャップ指数）〉　世界からみても日本女性の地位は低く、2019（令和元）年は153ヵ国のうち121位と過去最低。中国や韓国、アラブ諸国よりも下位になった。

　GGIとはスイスの非営利団体【世界経済フォーラム】が世界各国のジェンダーによるギャップ（男女平等指数）を見える形で捉えたスコアで、毎年秋に発表される。経済・教育・保健・政治の各4分野のデータから構成され、2006（平成18）年の世界経済フォーラム（ダボス会議）で創設された。日本は2006年の80位を最高に年々下がる傾向にあり、近年は100位から120位前後をウロウロしている。

　ちなみに過去3年間を見ると、2016（平成28）年は144ヵ国中111位、2017（平成29）年は144ヵ国中114位。2018（平成30）年には149ヵ国の中で110位だった。この年の4分野ごとのデータを見ると経済分野：117位で

0.595、教育分野：65位で0.994、保健分野：41位で0.979、政治分野：125位で0.081となっている。格差のない状態を指数「1.0」として数値化したもので、経済分野の管理職や専門職に占める女性割合や政治分野における国会議員、閣僚に占める女性比率が極端に低いことがわかる。反対に教育分野における識字率、初等・中等教育在学率は1位で1.000の値がついている。

つぎに『男女共同参画統計データブック2015─日本の女性と男性─』8章、教育と学習についての男女差を見てみよう。

令和元年度版データ、03女性の政策・方針決定過程への参画状況より─GGI（ジェンダー・ギャップ指数）─

順位	国名	順位
1	アイスランド	0.858
2	ノルウェー	0.835
3	スウェーデン	0.822
4	フィンランド	0.821
5	ニカラグア	0.809
6	ルワンダ	0.804
7	ニュージーランド	0.801
8	フィリピン	0.799
⋮	⋮	⋮
110	日本	0.662

分野ごとの順位（日本）

分野	順位	値
経済	117位	0.595
教育	65位	0.994
保健	41位	0.979
政治	125位	0.081

教育分野における項目	順位	値
識字率	1位	1.000
初等教育在学立	1位	1.000
中等教育在学立	1位	1.000
高等教育在学立	103位	0.952

世界経済フォーラム"The Global Gap Report 2018"より作成。
【※】各分野のデータ】
○**経済分野**：労働力率、同じ仕事の賃金の同等性、所得の推計値、管理職に占める比較、専門職に占める比較
○**教育分野**：識字率、初等・中等・高等教育の各在学率
○**保健分野**：新生児の男女比率、健康寿命
○**政治分野**：国会議員に占める比率、閣僚の比率、最近50年の行政府の長の在任年数

図0-1-1　性・学校種別現役進学率の推移（1975 ～ 2014年）

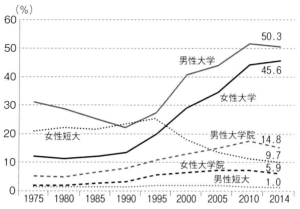

出所　文部科学省『学校基本調査』より作成

〈学生の場合〉

●高等学校への進学率は1950年代から60年代にかけて大きく上昇し、男女共に95％を超え、ここでの男女差は見られない。2014年の大学（学部）進学率は女性45.6％、男性50.3％、大学院進学率は緩やかな上昇傾向にあったが、2010年をピークに低下し、女性5.9％に対し男性は倍以上の14.8％となっている。（図0－1－1）

●高等教育終了後の日本女性の就業率（25 ～ 54歳）は2012（平成24）年で69％、男性92％と23ポイントの男女差がある。OECD（経済協力開発機構）諸国の高等教

育を受けた女性就業率は平均80％でありOECDの報告
書では、「女性を中心に日本の人材のかなりの部分が活
用されていない」と指摘。高等教育を受けた女性の力が
就業の場で活かされるための環境整備がさらに必要だろ
う。（図0－1－2）

図0－1－2　性別高等教育修了後の就業率（25 ～ 54歳）（2012年）

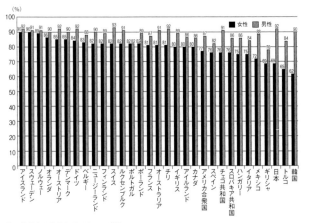

注　就業率は就業者数／人口で計算している。
出所　OECD『図表で見る教育OECDインディケータ（2014年版）』

〈教員の場合〉

●小学校、中学校、高等学校での本務教員に占める女性の割合は増加を続けているが校長や副校長・教頭といった管理職や、教育段階が上がるにつれて女性の占める割合は低くなっている。小学校教諭職の総数は2014（平成26）年に42万人、女性は26万人で女性割合は62.4％であるが、中学校では総数25万人、女性は11万人で女性割合は42.6％、高等学校では総数24万人、女性は7万人となり女性割合は31.0％と下がってしまう。管理職を見ると女性の小学校校長は1975（昭和50）年〜2014（平成26）年までに334人（1.5％）から3842人（19.1％）に、副校長・教頭も690人（3.1％）から5155人（24.0％）と増加している。中学校、高等学校でも増加はしているが、2014年の中学校校長545人（5.8％）、副校長・教頭は918人（8.5％）、高等学校になると校長350人（7.3％）、副校長・教頭582人（7.7％）で1割にも満たない。第3次男女共同参画基本計画の成果目標として2020年までに「初等中等教育機関の管理職に占める女性の割合」を30％とすることが挙げられており、さらなる方策が求められる。（表0－1－1）

●2004（平成16）年〜2010（平成22）年の専門分野別、職階別大学教員数、女性割合の推移（『学校教員統計調査』より）を見ると大学の専任教員に占める女性の割合

表0-1-1　初等中等教育における本務教員総数に占める女性の校長、副校長、・教頭に占める女性の割合（1975～2014年）

（単位：人・%）

	年度	本務教員総数			校長			副校長・教頭		
		女性	男性	女性割合	女性	男性	女性割合	女性	男性	女性割合
小学校	1975	227,258	187,813	54.8	334	22,304	1.5	90	21,763	3.1
	1985	258,219	203,037	56.0	544	23,204	2.3	1,014	23,409	4.3
	1995	263,626	167,332	61.2	2,254	21,306	9.6	4,620	19,321	19.3
	2005	261,559	155,274	62.7	4,053	18,263	18.2	4,908	17,837	21.6
	2010	263,749	156,030	62.8	3,908	17,362	18.4	4,753	17,027	21.8
	2014	259,875	156,600	62.4	384	16,323	19.1	5,155	16,295	24.0
中学校	1975	69,043	165,801	29.4	17	9,343	0.2	48	10,201	0.5
	1985	96,714	188,409	33.9	27	10,069	0.3	155	11,100	1.4
	1995	106,337	164,683	39.2	193	10,093	1.9	626	10,713	5.5
	2005	102,091	1,466	41.1	474	9,517	4.7	866	10,231	7.8
	2010	105,155	145,744	41.9	517	9,201	5.3	879	10,159	8.0
	2014	108,148	145,644	42.6	545	8,891	5.8	918	9,923	8.5
高等学校	1975	37,965	184,950	17.0	139	4,237	3.2	66	6,062	1.1
	1985	49,985	216,824	18.7	120	4,953	2.4	85	6,926	1.2
	1995	65,325	215,792	23.2	128	5,091	2.5	215	7,296	2.9
	2005	69,475	181,933	27.6	243	4,887	4.7	444	7,414	5.7
	2010	70,277	168,652	29.4	276	4,620	5.6	557	7,193	7.2
	2014	72,830	162,476	31.0	350	4,441	7.3	582	6,993	7.7

注　2010年以降は副校長と教頭を合計している。
出所　『学校基本調査』より作成

も職階が高くなるほど少なくなり、分野による差も大きい。2010年の大学教授数は男性の場合60633人、女性は8637人（女性割合は12.5％）。准教授は男性32823人で女性は8471人（20.5％）。講師になると男性13769人に対して女性5584人（28.9％）で、やっと3割に近づく。

　専門分野における差も大きく、最も女性の多い家政（女性割合は64.0％）と、最も少ない商船（0％）を除けば教授、准教授、講師の職階で女性の割合が高い専門分野は「人文科学」20.5％で、最も少ないのは「工学」1.9％である。（表0－1－2）

表0－1－2　専門分野別、職階別大学教員数、女性割合の推移（2004～2010年）

(単位：人・%)

職位		教授			准教授			講師			助教		
年度		2004	2007	2010	2004	2007	2010	2004	2007	2010	2004	2007	2010
人文科学	女性	2,037	2,407	2,556	1,946	2,071	2,177	1,253	1,278	1,232	340	193	349
	男性	10,459	10,354	9,885	4,898	4,591	4,259	1,824	1,741	1,613	408	311	503
	女性割合	16.3	18.9	20.5	28.4	31.1	33.8	40.7	42.3	43.3	45.5	38.3	41.0
社会科学	女性	809	1,040	1,293	1,004	1,290	1,496	580	588	577	459	140	295
	男性	12,124	12,584	12,681	4,450	4,748	4,873	1,545	1,358	1,231	483	326	521
	女性割合	6.3	7.6	9.3	18.4	21.4	23.5	27.3	30.2	31.9	48.7	30.0	36.2
理学	女性	243	249	282	244	265	320	130	172	159	390	300	383
	男性	6,123	6,167	6,059	3,847	3,886	3,893	1,015	937	863	2,460	2,282	2,621
	女性割合	3.8	3.9	4.4	6.1	6.4	7.6	11.4	15.5	15.6	13.7	11.6	12.7
工学	女性	136	169	214	220	288	2,369	151	154	155	421	284	359
	男性	11,392	11,467	11,333	6,852	7,042	7,036	2,203	1,877	1,513	5,130	4,091	4,160
	女性割合	1.2	1.5	1.9	3.1	3.9	5.0	6.4	7.1	9.3	7.6	6.5	7.9
農学	女性	66	76	95	87	129	162	50	71	71	135	128	166
	男性	2,629	2,699	2,683	1,867	1,905	1,883	450	445	363	1,024	844	943
	女性割合	2.4	2.7	3.4	4.5	6.3	7.9	10.6	13.8	16.4	11.6	13.2	15.0
保健	女性	1,316	174	2,056	1,162	1,584	2,003	1,657	2,124	2,322	6,035	5,986	6,986
	男性	7,755	9,135	9,735	5,913	6,653	6,854	7,100	7,122	6,849	180,65	17,128	17,436
	女性割合	14.5	16.2	17.4	16.4	19.2	22.6	18.9	23.0	25.3	25.0	25.9	28.6
商船	女性	0	0	0	1	0	0	0	0	2	0	1	1
	男性	28	18	23	16	16	13	9	2	1	13	3	2
	女性割合	0.0	0.0	0.0	5.9	0.0	0.0	0.0	0.0	66.7	0.0	25.0	33.3
家政	女性	439	451	482	346	364	404	194	257	243	409	106	141
	男性	343	365	271	101	140	103	48	43	34	42	49	25
	女性割合	56.1	55.3	64.0	77.4	72.2	79.7	580.2	58.7	87.7	90.7	68.4	84.9
教育	女性	589	748	917	583	713	882	296	439	503	132	69	156
	男性	4,059	4,174	4,463	2,132	2,005	2,213	611	687	708	189	147	272
	女性割合	12.7	15.2	17.0	21.5	26.2	28.5	32.6	39.0	41.5	41.1	31.9	36.4
芸術	女性	443	494	528	356	38	412	191	210	198	117	37	62
	男性	1,989	2,197	2,216	999	1,015	1,000	381	348	327	157	70	87
	女性割合	18.2	18.4	19.2	26.3	27.3	29.2	33.4	37.6	37.7	42.7	34.6	41.6
その他	女性	133	159	214	152	181	246	86	125	122	109	64	88
	男性	1,025	1,205	1,284	546	659	696	230	254	267	193	217	240
	女性割合	11.5	11.7	14.3	21.8	21.5	26.1	27.2	33.0	31.4	36.1	22.8	26.8
合計	女性	6,211	7,557	8,637	6,101	7,266	8,471	4,589	5,407	5,584	8,547	7,308	8,986
	男性	57,926	60,365	60,633	31,621	32,660	32,823	15,386	14,814	13,769	28,164	25,468	26,810
	女性割合	9.7	11.1	12.5	16.2	18.2	20.5	23.0	26.7	28.9	23.3	22.3	25.1

出所　『学校教育統計調査』より作成

　これらのデータを見ると学歴や職階が高くなるに従って男女差は顕著になっていくようである。本論では、こうした各差をふまえて男女共同参画社会を真に実現していくために、女子大学の果たす役割と意義を問題設定とした。しかしすでに女子だけの別学教育は本来の使命を果たし終え、存在の意義を失ったのではないかという見方がある。1975（昭和50）年に334校あった共学大学が、新設や女子大学の共学化を含め2014（平成26）年には674校と増え、女子のみ在籍する大学は2000（平成12）年までわずかに増加したが、その後は減少（1975年に83校、2014年は77校、2018（平成30）年は76校、2019（令和元）年には73校）に転じている。

　一方、男性優位社会を変えていくためには「男性とは異なる価値観の育成」や「感性を磨きエンパワーメントの必要性」「ジェンダー研究やリベラルアーツ教育」をアピールする女子大学側の主張がみられる。

　先行研究を見ると、麻生誠（1987，p18，19，20）は女子大学の特徴を「①小規模で（多くの女子大学が単科大学として存在している）、②学問領域に著しい偏り（工学系の学部が見られない一方で家政、芸術、人文科学、教育系学部が多い）があり、その偏りは女性役割と密接に関連し、③その社会的評価も低い（大学院のなかに博士課程を持つ女子大学が少なく、研究的要素が希

薄）」と指摘している。しかし「人間の文化における
〈女性的なもの〉と〈男性的なもの〉は、イーリッチも
いうように〈両義的な対照的補完性〉の関係にあり、特
殊から普遍へと、人間らしさに無限に接近することを目
指した真の意味での女らしさを求める教育は、これから
の別学教育の理念となるように思える」と男性とは異な
る価値観の育成を重要としている。

　山本和代（1987，p262）は成瀬仁蔵（日本女子大学
創設者）の言葉を引用しながら、「男子と競合しいたず
らに権利の平等を主張するのではなく、調和ある社会の
発展を求め、生活に根ざし経験に根ざして、より確かに
現実的に男女共生の社会へと生活を変革する努力の中で
培っていきたいもの」として「女子高等教育はその道を
開拓し、エネルギーを生みそだてる役割を担うもの」と
女性としての感性やエンパワーメントの必要性を述べて
いる。東京女子大学元学長（2020（令和2）年現在　広
島女学院院長、広島女学院大学学長）の湊晶子（2002）
は『女子大学の今日的使命』の中で「つぎの半世紀も男
性優位社会は劇的にかわらないのではないかと感じてい
る」とし、「このような社会を変革していくためには自
らを人格的存在であると自信をもって位置づけ、〈キリ
スト教精神を基盤としたリベラルアーツ教育によって〉
社会において責任を果たし得る人材を育てることが絶対

に必要である」と強調している。

第2節　各章の構成

　生き残りをかけた女子大学を研究の対象としてその可能性を探っていくことにする。ここで本論の構成について、簡潔にふれておきたい。

　第1章では政府の女子教育に対する政策を、2つの視点から取り上げ、その社会的な影響をあきらかにする。第1節では女子教育の歴史的な背景を概観し、近代における教育政策がどのような女性を期待してなされていたのかを解明する。第2節では男女間の性差別是正に向けた取り組みから女性政策の推進を把握する。第3節では第1節と第2節から見えてきたものを考察する。

　第2章では2018年9月〜10月に行ったアンケート調査（対象者：20代〜80代の成人男女、サンプル数は男性20、女性41、合計61）により、一般社会人が女子大学に対してどのような意識を持っているのか、あきらかにすることを目的とした。質問紙の内容は①女子大学のイメージとその理由、②女子大学に求めるもの、③女子大学存続についての考え、④女子大学が輩出する女性像、⑤キャンパス内にあったらいいと思う施設やシステム、⑥男女共同参画社会基本法に対する認知と男女共同

参画社会の実現策、⑦残したい「女らしさ」、変えたほうがいい「女らしさ」を15項目から選択、⑧自由記述、⑨フェイスシート。第1節では調査概要を述べる。第2節では調査の結果と考察をふまえ、女子大学という存在が学生以外の一般社会人にとって、どのような認識をされているのかを見ていく。

第3章の1節では第2章とほぼ同時期に行ったアンケート調査（対象者：10代〜20代の共学大学生、サンプル数は男女学生46、女子大学生77、合計123）により共学大学に通う学生が女子大学に対して持っている意識をあきらかにする。また、まさに女子大学の中で教育を受けている学生自身の考えも示していく。第2節では考察をふまえ共学大学学生と女子大学学生とを比較し、その差異をあきらかにする。

第4章では女子大学の現状と課題について論述する。第1節では大学における教育改革、第2節では東京・神奈川・埼玉から9校の女子大学（大妻女子大学、鎌倉女子大学、共立女子大学、白百合女子大学、聖心女子大学、東洋英和女学院大学、女子栄養大学、女子美術大学、日本女子体育大学）を選び、そこから得られた印象（選択基準：①伝統②学部や学科構成③教育理念④就職率などから見える受験生の人気）を通して、女子大学の今を検証する。第3節では受験生のニーズに対する女子

大学の姿勢について考える。

　終章の第1節では現役生から見た女子大学の魅力、第
2節では大学教員・女子大学卒業生へのインタビューに
よる検証と考察、最後に令和時代の女子大学を展望し、
今求められる役割と意義をあきらかにする。

第1章　歴史的社会環境と政策

　この章では、近代から現代までを見通した国の政策において繰り返し刷り込まれた男尊女卑の思想が、女子教育というシステムの中で、どのように作用しながら男女差別の源流となっていったのか、また女子教育機関はそれをどう克服したのか。その過程を、まずあきらかにしていきたい。そこで第1節では、女子高等教育機関が女子大学として認可されるまでの道のりを、主に湯川次義（2003）と佐々木啓子（2002）の研究に依拠しながら概観し、近代日本の教育政策がどのような女性像を期待してなされていたのかを見ていく。第2節では戦後の新憲法によって保障された男女平等の権利が現在の男女共同参画社会基本法とどのように結びついていったのかを検証していく（橋本ヒロ子，2000：青島祐子，2002）。

第1節　女子大学形成までの道のり

1. 江戸から近代〈男尊女卑の女子教育〉

　江戸時代は武家が社会を支配したが、2世紀半にわたる平和な時代は商工業を発達させ、貨幣経済の進展と共に庶民文化が花咲いたときでもある。武士は社会の指導者としてふさわしい文武の教養を積むことが求められ、そのための教育機関として藩校が設けられた。庶民は封建社会の身分制のもとに庶民としての教養と日常生活に

必要な教育を受けることが期待され寺子屋が生まれた。すなわち武家という指導層教育と庶民という大衆層の教育が二重の系統をなしてこの時代に成り立っていたことは、明治維新の新しい政府が初めての教育改革「学制」に着手したとき国民教育組織としての統一が図れず、学校体系を構成する際に重大な問題となった。このころは身分制も社会全体に行き渡り、士農工商の区別だけでなく武家における君臣関係と同じように、親子、夫婦、男女の間に上下、主従の関係があるものと教えられた。幕府の儒官，林羅山は『女小学』で「夫は天に喩へ、女は地に喩う、去ば夫の尊き事，天の高きが如し、妻たる者の心得なり」と男尊女卑の差別を天地になぞらえて説いた。近世社会の家は男が代表するものであり「女は陰にして万事人に順うは道なり（同上）」と、女子に対する教育が「家」を代表する男子のための教育とは異なるものとして存在した。また、この時代女子に求められた役割は婦徳［心に備える善］・婦言［口にいう詞］・婦蓉［身に顕わすかたち］・婦功［手にとる業］の四行（『女訓孝経』）を中心にしつけられたという（寄田・山中，2002）。

2.　明治維新から大正〈女子高等教育の草創期〉

　明治維新から大正時代にかけて、政府は近代国家と社

会を建設するために教育の果たす重要な役割を認識して全国民に普通教育制度を普及するために力を尽くした。女子教育についてもその重要性を深く認識し、明治5年には東京神田に東京女学校を開設し、8歳の津田梅子をアメリカに留学させるなど深い関心を寄せた（湊，2002，p3）。

　1872（明治5）年「学制」が発布され、初めて身分の差や男女の別なく、国民のすべてが就学できるように全国に学校が設けられることになった。政府は欧米をモデルに小学・中学・大学の三段階の学校を組織しようとしたが、幕末の諸藩が存続し、すべて統括する体制にはなっていなかったため地方、山間部での就学はふるわず、特に女子の就学が不振であった。湊晶子（2002）によれば「このような中で文部省は女子教育に責任を負う女子教師の養成のために1875（明治8）年に東京神田に女子師範学校（後のお茶の水女子大学）の開設、1908（明治41）年には奈良女子高等師範学校（後の奈良女子大学）の設立に労を惜しまなかったことは、今日の女子教育水準の維持に重要な役割を果たした」と評価し、「わが国の官学系統の女子教育は、教員養成機関として発達したことも特筆されてよい」と強調する。また「1874年（明治7年）に提出された官公私立の統計によると、当時32の中学で男子3125人に対してわずか18名

が女子生徒であったが明治9年には女子生徒の数が飛躍的に伸び1112名に、同12年には2747人に増加したとある。これは明治初年の女子中等教育が、実際には私立学校によって大きく推進されていたことを示すものである」とし、「特にキリスト教系の私立女子教育機関が先駆的役割を果たした」と分析している。このように「明治初期に来日した宣教師たちは学ぶ姿勢に意欲的な日本人に驚きかつ勇気づけられて、教育活動を開始。これらプロテスタント系の女子教育機関は女性の人格の確認という近代精神に基盤を置き、長い間男性の隷属化に置かれがちであった女性に新たな息吹をあたえた」と述べている。「1870（明治3）年にフェリス和英女学校、1871（明治4）年共立女学校、1874（明治7）年に青山、1875（明治8）年に神戸、立教、同志社、1877（明治10）年に梅花、1879（明治12）年に活水、1884（明治17）年東洋英和など著名なキリスト教主義の女学校がこの時期次々に創設された。これらの女学校は明治10年代の末から早くも高等部を設置し、19世紀後半にアメリカで発達した女子高等教育機関をモデルとして、教養教育・リベラルアーツ教育を提供した」（湊，2002，p4）。

　しかし湯川（2003，p21）は「これら女学校の課程はあくまでも中等教育課程の本科の上に高等科（2年）を上構したに過ぎず、女子高等教育の萌芽としては確認で

きるが本格的な高等教育機関とみなすことはできない」
としている。

　1885（明治18）年に内閣制度が設けられ、初代文部
大臣森有礼は日本を世界の列強と並ぶ第一等国の地位に
まで高めることを目標とする教育政策を基本とした（海
後・仲・寺崎，1999，p71）。1889（明治22）年には大日
本帝国憲法が発布され、天皇主権による政府の権限が強
大となり、議会の権限は弱まっていく。国家主義が強ま
る中で1894（明治27）年〜1895年の日清戦争、1904（明
治37）年〜1905年の日露戦争後を経て重工業の近代化
も進んだ。一方軽工業も綿糸紡績を中心に躍進したが、
背景には多くの農家が家計を支えるため嫁入り前の娘た
ちを低賃金・長時間労働と劣悪な環境下の紡績・製糸工
場で働かせた現実もあった。

　1900年代に入り、創設時からすでに女子高等教育を
目指していた学校が、民間の手によって設立された。こ
れは1900（明治33）年〜翌年にかけて開校した女子英
学塾、女子美術学校、東京女医学校、日本女子大学校な
どである。この内の4校中3校は、1903（明治36）年専
門学校令の公布とほぼ同時期に専門学校として認可を得
て、名実ともに女子高等教育機関となった。女子には高
等学校・大学が設置されず、官立の女子高等師範学校を
除けばこれらの専門学校が女子の高等教育機関であった

（湯川，2003，p21）。1918（大正7）年には新渡戸稲造を初代学長に安井てつを初代学監に迎えて東京女子大学も専門学校に認可される。高等女学校卒業者を入学させる修養年限に1年の予科を設け、その上に大学部を設置したことにより東京女子大はこの時期に「大学」の名称を認められていた。しかし専門学校令による学校であることに違いはなかった。

3.　大正から昭和〈女子中等・高等教育の拡大〉

　大正時代に入ると、まもなく第一次世界大戦によって工業化に伴う都市化が急速に進んできた。国民の生活にも大きな変化がもたらされ、こうした社会の動きに対応するため、教育改革は第一次大戦後に実施された。その改革について審議、提案したのが教育調査会から引き継いだ1917（大正6）年設置の臨時教育会議である。

　臨時教育会議の答申のなかで、初めて公私立大学が承認されることになった。それが1918（大正7）年に「大学令」の公布となり、様々な女子の大学設立構想の展開につながっていく。一方産業界の要請に応えるため、専門学校や実業専門学校の入試に便宜が図られた。専門学校入学者検定の無試験検定（無試験で入学が許可された）の特典は多種の教育機関に拡大され、専門学校受験者は大幅に増加した。しかしこれは男子の教育機関に与

えられた特権であり、女子の教育機関はその対象にされていなかった。ただ見落とすことができない点は（佐々木，2002）、このとき政府が一定の要件を満たした女子の私立専門学校に、中等教員の「無試験検定取扱」の許可を与えたことである。すなわち、それは卒業時に教員資格の取得という点で官立の専門学校と全く同等の資格を持つことが認められたことであり、進学志望者も確保することができたのである。国家の制度を支える教員の資格が認められたことで私立専門学校の、社会と国家に対する正当性が確認されたといえる（佐々木，2002，p41，64〜65）。ここで教育調査会・臨時教育会議の答申から展開された女子の大学教育をめぐる論争について湯川（2003）の研究（『近代日本の女性と大学教育』）から反対論と賛成論の主な意見を載せておく。

〈反対論〉
●精華学校校長の寺田勇吉は女子大学制度の承認を「甚だ不利益なこと」とし、その理由を「女学士や女博士が出で来り、理屈ばかり云って、我が国の女子の特徴たる温順貞淑の美徳を破壊したり、又自然に晩婚者も増加し、隨つて悪結果を来して、良妻賢母たる資格を有することの出来ぬ者も増加し来ることは、北米合衆国の実例に見ても明である。是を以って我が輩は多数の女学生に

必要無き女子の大学教育などは、止めて貰ひたいと切望する次第である」と説明する。このような反対意見は貴族院や枢密院を背景とする教育調査会委員や臨時教育会議委員の中にも根強く存在した。

●三土忠造は、少数の女子学生が大学教育を受けたいという場合には東北帝国大学で実施した女子学生に対する門戸開放のように自由を与えることは良いとしながら「男女合同教育問題が起こるのであるが大学教育を受けたいと云ふ様な女子は多くは嫁に行けない様な女子であるから、別段差支はないと思ふ、然し乍ら女子の為に特殊の大学を設けることはまだ其必要を認めない…法律を設けて女子に大学教育を奨励する道を開くことは有害無益のことである」「女子高等教育は虚栄心を助長する」と述べている。

●加藤弘之は「男子のみに対してすら学校不足なるに、あらずや女子の為にも之を特設すと云ふは無理なる話なり」と女子の大学の特設を否定した。

〈賛成論〉

●成瀬仁蔵は女子の大学教育の必要性を力説し、「女子高等教育に関する建議」案や「大学令要項」でも女子大学の制度化を積極的に推進した。

●嘉納治五郎は家族主義に基づく良妻賢母教育の必要性を主張する一方で、日本的な女子高等教育機関の必要性

を説いた。具体的には男性の大学とは異なる、高等女学校専攻科以上の、日本の国民精神に則ったもので、女子高等師範学校を充てればよいと提言した。

●鵜沢聡明は家庭的な教育だけでは不充分で「日本ノ国ニオケルーツノ婦人」としての教育が必要とし、高等教育は単なる職業教育としてではなく「女としての教育、人間としての教育」でなければならないと説明している。(湯川, 2003, p84 ～ 85)

　こうした論議をふまえながら、政府は女子高等教育の基本方針を、女性の役割が「家庭」にあることと限定し、従来の家族制度や社会秩序を維持・強化することに重きを置いた。つまり女子の大学特設問題は慎重に対処すべき案件として、第二次世界大戦後の教育改革まで持ち越されたのである。

4. 第二次世界大戦　前・後〈女子大学の誕生〉

　1937（昭和12）年7月、日中戦争が引き起こされた。これが全面戦争に拡大されることを予想し、同年、教育審議会が設置された。国家総力体制の構築に向けた教育の全般的な改革の方策が検討されることとなったのである。1930年代初め～半ばにかけて官・民・個人から学校制度についての改革構想が盛んに提案されていたが

特に女子の高等教育や大学教育の制度化を指摘するものが少なくなかった。こうした気運の中で政府が示した教育改革構想はなかなか興味深い。

　教育改革構想の主な内容をあげてみる。

〈教育の目的〉について
学校教育、社会教育、家庭教育を通じて「国体ノ本義」「皇国ノ道」に基づく国民の「練成」「修練」を行うべきことがうたわれ、日中戦争から第二次世界大戦に向かう国民の理念を提示している。

〈学校制度〉について
　小学校を国民学校と改称し義務教育年限を8年に延長、青年学校男子の19歳までの義務制度実施、障害児への就学保障、夜間中学校・女子中学校制度の設置、女子高等学校・女子大学の創設など教育機会を「拡充」する構想と、中学校・高等女学校・実業学校の包括同等化など教育制度を「平等化」する構想、理工系の大学学部の拡充など学校制度を「拡大」する構想を示している。（寄田・山中，2002，p129，130）

　つまり国家総力戦体制を支えるための国民資質の向上であり、人材開発の構想である。そのために学校・家庭・社会の連携を図ることが求められた。国民の総力を

戦争遂行に結集させるために教育制度を利用したと思え
るファシズム的再編成ではあるが、寄田・山中（2002）
が指摘するように「多様化した高等教育機関を大学に統
一する案や女子高等教育制度を取り上げている点など教
育の民主化と拡大の方向性を持っていた」といえよう。

　一方で同時期には教育心理学的な専門書や研究書が刊
行され（『岩波講座　教育科学』（湯川，2003，p428）、
政府の教育改革構想に対応するように女子の大学教育論
や男女共学論が活発になった。『教育科学』特集の意見
には多くの私立大学が女子に門戸を開放すること、女子
の入学できる学部が、たとえば医学部、農学部まで拡大
されること、などを指摘する学者もいた。また男女別学
の立場から、家庭的能力伸長のための大学教育は「女子
に適当なる形」で行われるべき、であり、女子教育を完
成するためには男子大学と異なる大学であるべきこと、
女子の「心身の修養、人格の陶冶」は女性の特徴に即し
たものであるべきだ、という意見や、「如何なる意味に
おいても、女子の大学設立は急務中の急務である」、と
する者もいた。共学の立場からは「大学の門戸を開放す
るのは自明の理」、と述べる者や、共学の実施を必要と
する諸校として①小学校、②農村の中学校と高等女学
校、③府県立師範学校、④専門学校、⑤大学の5つを示
す女性もいた。

　教育審議会によって、女子のための高等学校と大学の制度化を認める答申がまとめられたことは、これまで家族制度の維持や「女は家庭に」を基本としてきた女子教育政策を見なおし、ともかくも女子の教育を男子と同程度まで引き上げようとした政府の思惑は評価できる（湯川2003, p591〜592）。女子大学制度化への答申は、すでにこの時を待って準備を進め、体制を整えていた有力な私立女子専門学校に大きな影響を与えた。

　そして1945（昭和20）年8月15日、15年に及ぶ戦争が終結した。同年12月、閣議了解された「女子教育刷新要綱」は、終戦直後の、女子高等教育改革の方針を示したものである。

「女子教育刷新要綱の骨子」

（イ）女子の入学を阻止する規定を改廃し、女子大学を創設するとともに、大学での共学制を実施する。

（ロ）女子高等学校の創設は追って考慮するが、既設の女子専門学校、高等女学校高等科・専攻科中適当なものは教科を高等学校高等科と同程度にすること。

（ハ）高等女学校の教科（構成・教授時数・教科書）を中学校と同程度とする。

（ニ）女子青年学校の教育内容・修業年限を男子と同一にする。

（ホ）大学・専門学校の講義を女子に開放する（聴講制
　　　度・拡張講座）。

　こうして1946（昭和21）年度から新制大学が発足す
るまで、この刷新要綱に基づいて改革が進められたので
ある。「1947（昭和22）年6月に女子大学として、東京
女子医科大学などの設立が許可された。1948（昭和23）
年3月には一般の新制大学発足以前に日本女子大学、津
田塾大学、東京女子大学、聖心女子大学などが学校教育
法に基づく女子大学として設立が認められたのである」
（湯川，2003，p680）。

第2節　男女差別の是正

　ここでは第二次大戦後、日本国憲法の下の男女平等
が、どのように、現在の男女共同参画社会基本法に結び
ついたのかを検証してみたい。国際連合（以下，国連）
における女性政策と、それを受けて日本がどのような女
性政策を進めてきたのかを探っていく。

1．国連の女性政策
　国連の女性政策を取り上げるのは、世界の国々の女性
政策がこの国連の動きに対応しながら進められてきてい
るからである。日本も例外ではない。そこで、まず国連

について橋本ヒロ子の講義録『国連・国における女性政策の推進と現状』（財団法人東京女性財団、女性問題講座、1999年度）に依拠しながら政策の流れを見ていくことにする。

〈第1期〉1946年〜1962年　国連ができた1年後に女性の地位委員会が設置され、法的平等を確立していこうとした時期である。最初の加盟国は51カ国。女性が参政権を持っていたのは約30カ国で、世界の多くの女性たちが参政権を得たのは日本と同じように第二次大戦後である。1948年には世界人権宣言が採択された。フランスで最初の人権宣言が採択されたとき、その表現は「男性」だけを意味していたが、国連では「男女共に」「男と女」という表現が使われている。またこの時期、女性が外国人と結婚したときに、その子どもが女性の国籍を取れるようにする、という条約が進められた。

〈第2期〉1963年〜1975年　1963年が区切りになるのは、この年に国連総会が地位委員会に対して女性差別撤廃宣言の起草を求めたからである。1967年、この宣言は採択された。一方でアフリカやアジアの国々が次々独立をしていくのに、その中で活動する女性たちの行為は外か

らでは見えにくい。そこで、きちんと認める
べきだという動きがでてきた。女性は開発の
受益者だけではなく大きな担い手であるとい
うことを認識し，女性たちを開発の計画・実
施・評価に組み入れることをしないといけな
い、という動きである。1972年に3年後を国
際婦人年（国際女性年）にすることを総会で
決定し、1975年にメキシコで「第1回国際婦
人年世界会議」が開催され世界女性行動計画
が採択された。

〈第3期〉1976年〜1985年　1979年に女性差別撤廃条約
が採択され、各国はこの条約の批准を進めた。
社会のあらゆる分野で活動に参画する男女間
の格差を改善するための積極的な改善措置と
して国連では女性の優遇策を実施している。
1980年には「国際女性の10年」の中間年とし
てコペンハーゲンで会議が開催され、NGOが
約1万人も参加した。1985年にナイロビで開
かれた「国際女性年最終年の会議」にはNGO
の参加者が約1万5,000人に増加し「西暦2000
年に向けての女性の地位向上のための将来戦
略」（以下、ナイロビ将来戦略）が採択され
た。

〈第4期〉1986年～現在　1995年には国連事務総長のジェンダーに関する特別補佐官が任命され、国連組織の中で女性問題、女性の地位向上が進展した。1995年に北京で「第4回世界女性会議」が開かれ北京宣言・行動綱領が採択。また2000年のニューヨークで開催された国連特別総会「女性2000年会議」（以下、特別総会）では開会にあたってアナン事務総長が「教育はグローバル経済の入り口であり、女性が男性よりも劣っているという固定観念を克服することにより加盟国は女性という『人的資源』を十分に活用すべきである」と強調。この特別総会に参加した各国政府に対して「男女平等の推進に向け男性も関与すること」「北京行動綱領によって示されたすべての政策、プログラムへのジェンダー視点の主流化、女性の完全参加及びエンパワメントの推進」などが要請された。

2.　日本の女性政策

　ここで日本の女性政策を、再度振り返ってみよう。男女平等への出発点は、戦後の日本国憲法制定であり女性が参政権を獲得したことである。女性をめぐる法律とい

う意味では1956（昭和31）年に売春防止法が制定され
ているが日本の女性政策は、まず国連を中心とした動き
があって、その外圧により、国が法律改正やプランの作
成を行い、さらにそれを地方自治体が追いかける、とい
う流れになっている。つまり国内の動きを見るときには
国際的な動きとの関係で理解することが必要で、その意
味では、日本の女性政策が本格的に動きだしたのは
1975（昭和50）年の「第1回国際婦人年世界会議」以降
のことと言える。この女性政策の最初の流れが、国際婦
人年にあり、その年に政府は婦人問題対策本部を設置、
1977（昭和52）年には第一次婦人行動計画を策定して
いるのである。同年、国立婦人教育会館がオープンし、
さらに国の計画を受けて地方自治体でも行動計画の策定
を開始した。
　つぎの大きな波は、前項でも記述したように1979（昭
和54）年の国連総会で、女子差別撤廃条約が採択され
たことである。日本はその翌年に署名をしているが国内
の法整備が整っていなかったため、すぐに批准すること
はできなかった。批准したのは6年後の1985（昭和60）
年になってからであり、その間政府はいくつかの法改正
に着手した。1984（昭和59）年に国籍法と戸籍法の一
部改正により、父系血統主義から父母系血統主義へ、つ
まり、外国人と結婚した日本人女性の子どもが、日本国

籍を取得できるようになった。また1985（昭和60）年
には男女雇用機会均等法（以下、均等法）が制定され
た。均等法の成立によって表面的には企業も男女を平等
に取り扱うことが定められ、女性の働き方や職場環境に
画期的な変化をもたらしたといえる。

　しかし日本の雇用慣行、社会状況、人びとの意識など
が反映された法律とはいえ、募集・採用、配置・昇進に
ついては努力義務規定とされるなど、雇用の場における
男女平等という観点から見ると不十分な内容で、成立し
た当初から法改正を視野に入れたものであった。1996
（平成8）年には改正均等法が成立。女性労働者の能力
を積極的に伸長させ、職場環境の改善も図られるなど内
容の向上が見られた。

　これに合わせて、労働基準法や育児・介護休業法の改
正も同時に成立したが、このときはまだ男女両性に対す
る性差別禁止法の制定は実現せず、1995年（平成7年）
の北京行動綱領によってジェンダー平等の主流化という
新しい枠組みが初めて認識され、日本の女性政策のベー
スとなる男女共同参画社会基本法の制定（1999年6月）
に結びついたのである（青島，2002）。

第3節　まとめ

　ここで総括をしておきたい。第1節では，政府の女子
教育に対する政策が近世から近代、現代へと移っていく
中で、様々な社会環境、たとえば戦争や不況、経済成長
や産業革命といったマイナス・プラスの要因に影響を受
けながら変化していく過程を見てきた。教育政策の底に
は男尊女卑の思想が流れていたように思われる。「家」
にとって「国家」にとって都合のいい良妻賢母の教えに
従わざるを得なかった女性たちは来日した宣教師の教育
活動によって新しい価値観「女性の人格の確認」（湊，
2002）を身につけた。それは「長い間男性の隷属下に置
かれがちであった女性に新たな息吹をあたえ」（湊，
2002）、念願の女子のための高等教育（女子大学）を手
に入れるパワーの源になった。また「女子に対して実業
に適する技芸を授け自立の道を開いた女子職業学校」
（佐々木，2002）の存在や医学・歯学・薬学など女子高
等教育機関からの女子の大学教育への働きかけも見逃せ
ない。
　第2節では第二次大戦後の日本がアメリカという外国
の民主主義思想を受け入れながら、男女差別の意識を変
えていくための社会的な枠組づくりを検証した。これら

をふまえ、真に男女共生社会を実現していくために、女子大学が今、できることは何か、第2章以下の実態把握調査から見ていきたい。

第2章　一般社会人の、女子大学及び
　　　　女子大学に通う女性に対する意識

　この章では「女子大学」の存在が一般の人々からどのように思われているのかをあきらかにするために、すでに学校を卒業して社会に出た人や子どもを持つ親世代の人たちにアンケートによる調査を行った。武蔵野市に設置されている20館のコミュニティセンターのうち地元にある西久保コミュニティセンター（武蔵野市西久保1-23-7）を活動拠点とする西久保一丁目町会、福祉団体、コミュニティセンター関係者など地域住民100名にアンケート用質問紙を配布して協力いただいた。女子大学や女子大学に通う女性に対しての率直な意見や考えを聞くことができたが、女性の回答が男性のそれよりも大幅に上回ったことでの偏りがあったことは否めない。女性と男性の意識の違いを見るために各質問に対してそれぞれの割合を男女で比較したことを予めおことわりしておきたい。

第1節　アンケートによる調査概要と調査の結果

1.　〈調査概要〉
　　調査期間　2018年9月実施、10月集計
　　調査対象　20代〜80代の成人男女61名
　　　　　　　（男性20名、女性41名）

質問内容

1問　女子大学に通う女性のイメージとその理由

2問　女子大学に求めるもの

3問　女子大学存続についての考え

4問　女子大学がアピールする21世紀にふさわしい自立した女性像

5問　キャンパス内にあったらいいと思う施設やシステム

6問　男女共同参画社会基本法認知と参画社会実現のための意見

7問　残しておきたい「女らしさ」、変えたほうがいい「女らしさ」

8問　女子大学に期待すること、疑問、不満等自由記述

　以上8項目の質問のうち1、2、4、5の各問については選択肢の中から2つを選んでもらった。3問では①必要だ、②必要ではない、③わからないの中から1つを選択、さらに「必要」の①を選んだ人にはその理由を、①―イ　まだ現実は男性優位の社会だから、①―ロ　男性と異なる価値観を身につける、①―ハ　モデルとなる女性教員が多いから、①―ニ　女子大の方が自信自尊の心が育つ、①―ホ　その他、の中から1つを聞いた。また「必要ではない」の②を選んだ人にはその理由を②―イ

充分に女性は強くなった、②—ロ　男性と女性がいる以上共学の方が自然だ、②—ハ　「女子だけで教育」という発想は時代遅れのように思える、②—ニ　男女が切磋琢磨して共生社会ができる、②—ホ　その他、のうちから1つを回答。6問では男女共同参画社会基本法について、ア〜オまでの5段階で、内容まで知っている、だいたいのことは知っている、聞いたことはある、全く知らなかった、興味がない、の中から1つを選択。つぎに男女共同参画社会を実現させるための意見をア〜オの中から1つを選んでもらった。7問はいわゆる「女らしい」といわれる15項目（やさしさ、しとやかさ、従順さ、セクシーさ・色気、家事・育児が好き、丁寧な言葉づかい、甘え・依存心、自己主張は好まない、かわいらしさ、品のよさ、ライバルに負けたくない気持ち、奉仕の精神、包容力、素直さ、気配り、その他）について、これからも残しておきたいものには○を、変えたほうがいいものには×を、どちらともいえない、わからないものには△をそれぞれにつけてもらった。8問では自由記述による女子大学に対する考えを聞いた。それでは1〜8問までの結果を男女で比較しながら見ていくことにする。

2.〈調査の結果〉
　(1)　女子大学に通う女性のイメージとその理由

表2-1-1

一般社会人の男性・女性からみた
女子大学に通う女性のイメージとその理由

選択肢	イメージ		選択肢	理由	
	男性	女性		男性	女性
ア	75	58.4	ア	35	17
イ	0	0	イ	5	4.8
ウ	25	19.6	ウ	5	7.4
エ	35	29.2	エ	15	4.8
オ	0	12.2	オ	15	24.4
カ	0	4.8	カ	45	44
キ	5	0	キ	20	24.4
ク	10	7.4	ク	35	24.4
ケ	20	12.2	ケ	20	24.4
コ	25	26.8	ナシ	5	24.4
サ	0	19.6	合計%	200	200
ナシ	5	9.8			
合計%	200	200			

ア　育ちの良いお嬢さん
イ　男まさりでリーダーシップがとれる
ウ　やさしくて女らしい
エ　意志が強く自分をしっかりもっている
オ　遊んでいる女性が多そう
カ　他人に流されやすい
キ　緊張感がうすくだらしがない
ク　異性を気にし過ぎる
ケ　流行に敏感
コ　厳しくしつけられ良く勉強している
サ　その他
ナシ　回答なし

ア　新聞・雑誌・テレビの影響
イ　現在付き合っている女性で
ウ　かつて付き合っていた女性で
エ　小説やドラマの影響
オ　周りの友人をみて
カ　身内の女子大出身者をみて
キ　近所の女子大生をみて
ク　ただ何となく
ケ　その他
ナシ　回答なし

イメージの選択肢

　ア．育ちの良いお嬢さん、イ．男まさりでリーダーシップがとれる、ウ．やさしくて女らしい、エ．意志が強く自分をしっかり持っている、オ．遊んでいる女性が多そう、カ．他人に流されやすい、キ．緊張感がうすくだらしがない、ク．異性を気にし過ぎる、ケ．流行に敏感、コ．厳しくしつけられ良く勉強している、サ．その他、ナシ．回答なし

理由の選択肢

　ア．新聞・雑誌・テレビの影響、イ．現在付き合っている女性で、ウ．かつて付き合っていた女性で、エ．小説やドラマの影響、オ．周りの友人をみて、カ．身内の女子大出身者をみて、キ．近所の女子大生をみて、ク．ただ何となく、ケ．その他、ナシ．回答なし

　まず（表2－1－1）と（図2－1－1）、（図2－1－2）にあるように、回答選択肢が2つのため200％で計算しているが、75％の男性が「育ちのよいお嬢さん」を選んでいる。1位からぐんと下がってしまうが2位は35％で「意志が強く自分をしっかり持っている」。つぎに「やさしくて女らしい」と「厳しくしつけられ良く勉強している」が同率の25％で3位にあげている。男性の誰も選ばなかった選択肢は「遊んでいる女性が多そう」、「他人に流されやすい」だった。その理由に考えられるのは、男

図2-1-1

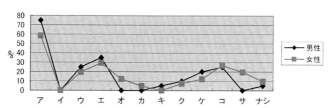

女子大学に通う女性のイメージ

図2-1-2

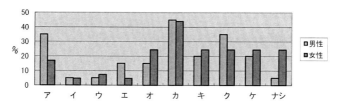

イメージの理由

性の「身内の女子大出身者をみて」であったこと。2位と3位は同率35％で、男性は「ただ何となく」「新聞・雑誌・テレビの影響」でイメージを持ったと考えられる。

　一方女性も58.4％で1位に「育ちの良いお嬢さん」を選んでいる。2位が「意志が強く自分をしっかり持っている」29.2％、3位「厳しくしつけられ良く勉強している」、4位は「やさしくて女らしい」をあげている。4位以下はほぼ同率で「緊張感がうすくだらしがない」は0であった。女性がそのようなイメージを持った理由として、男性と同様に「身内の女子大出身者をみて」が最多の44％、「近所の女子大生をみて」と「ただ何となく」・「周りの友人や自分自身がそうだったから」が24.4％の同率で続いている。

　この地域の、女子大に通っている女性のイメージは男性・女性共に悪くないようである。「良家の子女というイメージがあり、意志が強く自分をしっかり持っていて、厳しくしつけられ良く勉強をしているが、やさしくて女らしい」となる。根拠となる理由として「身内の女子大出身者を見て」、女性の方も「自分自身、周囲の友人、近所の女子大生を見て」とさらに具体的なイメージを持っていた。

　ただし男性、女性共に選択肢「男まさりでリーダー

シップがとれる」イメージは0であったのは、気になる
ところではある。（表2‐1‐1）
　（2）女子大学に求めるもの
求めるものの選択肢
　1．国際的に通用する実力の養成、2．共学大学とは異
なる存在価値、3．のびのび学習できる環境、4．就職に
強い、学生に有利な支援体制、5．良い妻、賢い母の育
成、6．一歩控えた女性の育成、7．結婚に有利な世間体
やイメージ、8．資格取得に直結したカリキュラム、9.
男性とは異なる考え方の基礎となる教養科目の充実、
10．生涯を通したサポートシステム、11．友人との充実
した人間関係、12．教員との充実した人間関係、13．女
子大に特別求めるものはない、14．その他

　ここでは女子大学に求めるものがあるとすれば、それ
は何かを聞いている。
　男性の1位は「共学大学とは異なる存在価値」55％で、
2位は「のびのびと実力を発揮して学習のできる環境」
35％、3位に「国際的に通用する実力の養成」25％が
入った。4位は「良い妻、賢い母の育成」・「男性とは異
なる考え方の基礎となる教養科目」・「生涯を通したサ
ポートシステム」がそれぞれ同率でわずかにあった。
　女性の1位は34％で「のびのび学習できる環境」、2位

は31.8％で「国際的に通用する実力の養成」、3位には「共学大学とは異なる存在価値」29.2％があがっている。ちなみに「良い妻、賢い母の育成」は4.8％、0だったのは「一歩控えた女性の育成」・「結婚に有利な世間体やイメージ」・「教員との充実した人間関係」であった。（表2－1－2）

(3) 女子大学存続についての考え
〈必要の選択肢　1〉
　1-イ．現実は男性優位社会だから、1-ロ．男性とは異なる価値観を身につける、1-ハ．モデルとなる女性教員が多い、1-ニ．女子大学の方が自信・自尊心が育つ、1-ホ．その他
〈否定の選択肢　2〉
　2-イ．充分に女性は強くなった、2-ロ．男女がいる以上共学の方が自然だ、2-ハ．「女子だけで教育」は時代遅れ、2-ニ．男女が切磋琢磨して共生社会になる、2-ホ．その他
〈わからないの選択　3〉
　3-なし．わからない

　これからの時代、女子大学は必要か、必要でないかを質問した。男性の8割近く（75％）が必要であると回答

表2-1-2

一般社会人の男性・女性が
女子大学に求めるもの

選択肢	要望	
	男性	女性
1	25	31.8
2	55	29.2
3	35	34
4	5	9.8
5	20	4.8
6	5	0
7	0	0
8	5	14.6
9	20	27
10	20	17
11	5	7.4
12	0	0
13	0	9.8
14	5	4.8
ナシ	0	9.8
合計%	200	200

1　国際的に通用する実力の養成
2　共学大学とは異なる存在価値
3　のびのび学習できる環境
4　就職に強い、学生に有利な支援体制
5　良い妻、賢い母の育成
6　一歩控えた女性の育成
7　結婚に有利な世間体やイメージ
8　資格取得に直結したカリキュラム
9　男性とは異なる考え方の基礎となる教養科目
10　生涯を通したサポートシステム
11　友人との充実した人間関係
12　教員との充実した人間関係
13　女子大に特別求めるものはない
14　その他
ナシ　回答なし

表2-1-3

一般社会人の男性・女性の
女子大学存続についての考え

選択肢	存続について	
	男性	女性
1-イ	20	12.2
1-ロ	40	12.2
1-ハ	5	0
1-ニ	0	0
1-ホ	10	4.9
2-イ	0	0
2-ロ	5	14.6
2-ハ	0	2.4
2-ニ	5	4.9
2-ホ	0	0
わからない	15	48.8
合計%	100	100

<必要の選択肢>
1-イ　現実は男性優位社会だから
1-ロ　男性とは異なる価値観を身につける
1-ハ　モデルとなる女性教員が多い
1-ニ　女子大学の方が自信・自尊心が育つ
1-ホ　その他
<否定の選択肢>
2-イ　充分に女性は強くなった
2-ロ　男女がいる以上共学の方が自然だ
2-ハ　「女子だけで教育」は時代遅れ
2-ニ　男女が切磋琢磨して共生社会になる
2-ホ　その他
<わからないの選択肢>
3-なし　わからない

	男性	女性
必要	75	29.3
否定	10	21.9
わからない	15	48.8
合計%	100	100

している（図2-1-3）。女性は、必要だとした人
（29.3%）が、必要でないとした人（21.9%）よりはやや
多かったが、必要・否定の差異はそれほど開いてはいな
かった。注目すべきは、わからないと回答している女性
が約半分の48.8%いたことだ。

　また、男性の40%は女子大学の存続について選択肢
1-ロ「男性とは異なる価値観を身につける」ためであ
り「現実は男性優位社会だから」と20%が答えている。

　女性は、必要だ、を選んだ理由に1-イ、1-ロの同率
12.2%「現実は男性優位社会だから」・「男性と異なる価
値観を身につける」としている。必要ではない、を選ん
だ理由としては2-ロ「…共学の方が自然だ」14.6%をあ

図2-1-3

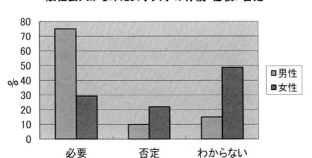

一般社会人からみた女子大学の存続　必要. 否定

げた。

（4）女子大学がアピールする21世紀にふさわしい自立
　　した女性像
自立した女性像の選択肢
　1.　自分の意見を持ちそれを発信できる女性、2.　積極的に挑戦し専門性を身につける女性、3.　目的意識と実践で自己実現を果たす女性、4.　問題解決能力、論理的思考を持った女性、5.　経済的・精神的に自活できる女性、6.　夫を支え環境改善に力を尽くす女性、7.　どんな状況でも自信と自尊心を持った女性、8.　自分らしい個性で社会貢献ができる女性、9.　その他　ナシ．回答なし

　多くの女子大学が入学案内用パンフレット等で「自立した女性の育成」を目標にかかげているが、具体的に、どのような女性を思い浮かべるのかを聞いた。
　男性1位は50％の「自分らしい個性で社会貢献ができる女性」、2位が35％の同率で「積極的に挑戦し専門性を身につける女性」・「目的意識と実践で自己実現を果たす女性」である。4位が25％で「自分の意見を持ち、それを発信することのできる女性」だった。
　女性の1位は「自分の意見を持ち、それを発信することのできる女性」で、2位は31.8％の「どんな状況でも

58

自信と自尊心を持った女性」。「夫を支え、周囲の環境を
よくするために力を尽くす女性」は12％のわずかな支
持、男性でも最下位で5％であった。

　やはり21世紀の女性は家庭の周辺だけにとどまらず、
広い視野で自分の考えを表現できることが求められてい
るのだろう。（表2－1－4）

　(5) キャンパス内にあったらいいと思う施設やシステム
　　　施設やシステムの選択肢
　ア．保育室や託児所、イ．お年寄りのデイケア施設、
ウ．実社会に直結した学部の設置、エ．女性専門のクリ
ニック、オ．留学生と食の交流ができる部屋、カ．イン
ターネット学習で単位取得、キ．通信教育、ク．考えた

表2-1-4
　一般社会人の男性・女性からみた
　21世紀にふさわしい自立した女性像

選択肢	自立した女性像	
	男性	女性
1	25	53.6
2	35	19.6
3	35	14.6
4	10	17
5	15	19.6
6	5	12
7	20	31.8
8	50	19.6
9	5	7.4
ナシ	0	4.8
合計%	200	200

1　自分の意見を持ちそれを発信できる女性
2　積極的に挑戦し専門性を身につける女性
3　目的意識と実践で自己実現を果たす女性
4　問題解決能力、論理的思考をもった女性
5　経済的・精神的に自活できる女性
6　夫を支え環境改善に力を尽くす女性
7　どんな状況でも自信と自尊心をもった女性
8　自分らしい個性で社会貢献ができる女性
9　その他
ナシ　回答なし

ことがない、ケ．その他、ナシ．回答なし

　生涯学習の視点からキャンパス内に設置してほしい施
設などを質問したが、男性のベスト3は「実社会に直結
した学部の設置」で45％、「保育室や託児所」40％、「留
学生と食の交流ができる部屋」35％。「あまり考えたこ
とがない」20％、「通信教育」は15％、「授業を自宅の
インターネットから学習し単位が取得できるしくみ」は
わずかに10％であった。

　女性の方は1位が同率41.4％で「保育室や託児所」・
「実社会に直結した学部の設置」、3位が「インターネッ
ト学習で単位取得」34.2％である。

（表2-1-5）、（図2-1-4）

(6)　男女共同参画社会基本法認知と参画社会実現のた
　　めの意見
基本法認知の選択肢
　ア．内容までよく知っている、イ．だいたいのことは
知っている、ウ．聞いたことはある、エ．全く知らな
かった、オ．興味がない
実現のための方策
　ア．女性の地位を男並みに引き上げる、イ．男らしさ
女らしさの基準を問いなおす、ウ．男性・女性という性

表2-1-5

一般社会人の男性・女性からみて
キャンパス内にあったらいい施設やシステム

選択肢	施設・システム	
	男性	女性
ア	40	41.4
イ	10	9.8
ウ	45	41.4
エ	15	7.4
オ	35	29.2
カ	10	34.2
キ	15	7.4
ク	20	2.4
ケ	0	12.2
ナシ	10	14.6
合計%	200	200

ア 保育室や託児所
イ お年寄りのデイケア施設
ウ 実社会に直結した学部の設置
エ 女性専門のクリニック
オ 留学生と食の交流ができる部屋
カ インターネット学習で単位取得
キ 通信教育
ク 考えたことがない
ケ その他
ナシ 回答なし

図2-1-4

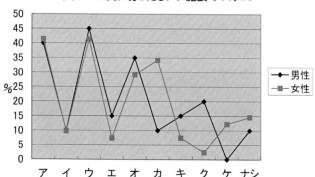

キャンパス内にあったらいい施設・システム

の別にとらわれず個性を認め合う、エ．国や地方自治体のやり方に従う、オ．よくわからない、カ．その他

　法律の認知度は男女共に高い割合を示している。男性では「内容までよく知っている」が5％、「だいたいのことは知っている」が45％、「聞いたことがある」が50％で100％法律の存在を認識していた。女性は「全く知らなかった」7.3％、「興味がない」4.9％を除いて「内容まで…」が2.4％、「だいたい」あるいは「聞いたことがある」を併せて85.4％であった。また男女共同参画社会を実現するためには男性の7割、女性では6割強が「男性、女性の性の別にとらわれず個性を認め合う」を選択した。また、男性は0だったが、男女共同参画社会の実現策について「よくわからない」と回答した女性が12.2％いたことは特記すべきことだろう。（表2－1－6）、（図2－1－5）

　（7）残しておきたい「女らしさ」、変えたほうがいい
　　　　「女らしさ」
項目の内容
　1．やさしさ、2．しとやかさ、3．従順さ、4．セクシーさ、5．家事・育児、6．言葉使い、7．甘え・依存、8．自己主張せず、9．かわいらしさ、10．品のよさ、

表2-1-6

一般社会人の男性・女性の
男女共同参画社会基本法認知と実現策

選択肢	1.基本法認知		選択肢	2.その実現策	
	男性	女性		男性	女性
ア	5	2.4	ア	5	12.2
イ	45	51.3	イ	25	7.3
ウ	50	34.1	ウ	70	63.4
エ	0	7.3	エ	0	0
オ	0	4.9	オ	0	12.2
合計%	100	100	カ	0	4.9
			合計%	100	100

ア　内容までよくしっている　　　ア　女性の地位を男性並みに引き上げる
イ　だいたいのことはしっている　イ　男らしさ女らしさの基準を問いなおす
ウ　聞いたことはある　　　　　　ウ　男性・女性という性の別にとらわれず個性を認め合う
エ　全くしらなかった　　　　　　エ　国や地方自治体のやり方に従う
オ　興味がない　　　　　　　　　オ　よくわからない
　　　　　　　　　　　　　　　　カ　その他

図2-1-5

男女共同参画社会基本法の認知度

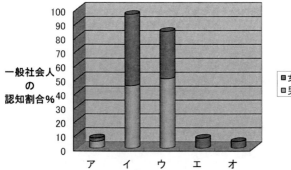

11.　競争心、12.　奉仕の精神、13.　包容力、14.　素直さ、15.　気配り、16.　その他

　この項目では男女間の意識にわずかな差がみられた。「やさしさ」「気配り」については男女共に8割以上（男性：気配り100％、やさしさ90％、女性：気配り80.5％、やさしさ87.8％）、「しとやかさ」は男性70％に対して女性は51.2％、「セクシーさ・色気」は35％の男性が支持しているのに女性の支持は1割に満たなかった（7.3％）。「かわいらしさ」も男性の6割が残したいと思っているのに女性は3割強であった。

　女性が変えたいと思うベスト3は「甘え・依存」が73.2％、「自己主張せず」が53.6％、「セクシーさ」が48.8％となっている。男性も、6割が「甘え・依存」と5割「自己主張せず」、「セクシーさ」3割をあげている。女性との微妙な温度差が見逃せないのは「家事・育児が好き」で男性の80％が支持し、女性の支持は男性の約半分41.5％である。また「競争心・従順さ」を、わからないとした男性40％、女性も「競争心」53.7％、「従順さ」31.7％がわからないとしている（表2－1－7）。

（8）女子大学に期待すること、疑問、不満等自由記述
　　第2節の考察で紹介したい。

表2-1-7

一般社会人男性・女性の意識
残しておきたい「女らしさ」，変えたほうがいい「女らしさ」

選択肢	残す 男性	残す 女性	変える 男性	変える 女性	わからない 男性	わからない 女性	回答ナシ 男性	回答ナシ 女性	合計% 男・女
1やさしさ	90	87.8	0	0	5	2.4	5	9.8	200
2しとやかさ	70	51.2	0	12.2	25	26.8	5	9.8	200
3従順さ	30	12.2	25	46.3	40	31.7	5	9.8	200
4セクシーさ	35	7.3	30	48.8	30	34.1	5	9.8	200
5家事・育児	80	41.5	0	9.8	15	36.6	5	12.1	200
6言葉使い	80	65.9	0	2.4	15	21.9	5	9.8	200
7甘え・依存	10	2.4	60	73.2	25	14.6	5	9.8	200
8自己主張せず	0	4.9	50	53.6	50	31.7	0	9.8	200
9かわいらしさ	60	31.7	5	17	30	41.5	5	9.8	200
10品のよさ	75	61	0	4.9	20	22	5	12.1	200
11競争心	45	21.9	10	12.3	40	53.7	5	12.1	200
12奉仕の精神	75	58.6	5	4.9	20	24.4	0	12.1	200
13包容力	90	61	0	4.9	5	22	5	12.1	200
14素直さ	90	73.2	0	0	5	14.7	5	12.1	200
15気配り	100	80.5	0	2.4	0	9.8	0	7.3	200
16その他	0	0	0	0	0	0	0	0	0

第2節　アンケートによる調査結果の考察

　東京女子大学元学長の隅谷三喜男（1988，p160―なぜ女子大学か―）は著書『女子大学はどこに立つか』の中で、女子大学の存在について、つぎのように述べている。

「女子大学に来て間もなく、女子大学はなぜ存在するのかと自らに問うてみて、私は愕然とした。男女共学の時代に、高等学校まではほとんど共学が一般化してしまった社会で、しかも、男女の差別撤廃の勢いに押されて、男子だけの大学が姿を消してしまった中で、なぜ女子だ

けの大学は存在するのか。伝統的に、創立以来女子大学だったと居直ってみても、理由にはならない。創立以来男子大学だったものが、軒並み共学大学に変わって、女子の入学を認めているのである。─中略─やや意外なことに、女子大学の否定論が、高い評価を得ている女子大学関係者の間から聞かれるのである。戦前には女子に高等教育の機会が恵まれなかったため女子の大学を創設したのであり、今日共学が一般化した以上いつまでも女子大学であり続ける必然性はない」。

　このような隅谷（1988）の考えは、一般社会人を対象にした今回のアンケートにおいて、男性の間では否定的であった。75%が「女子大学は必要」としている。その理由については「男性とは異なる価値観を身につける」「現実は男性優位の社会だから」と答えていた。女性は女子大学の必要性に「わからない」とする意見が48.8%と半数近くあった。アンケート調査の8問で、女子大学に期待すること等の自由記述から紹介してみたい。

1.　女子大学否定の立場からの意見
●私自身女子大の出身だが今と昔では女子大の在り方が変わってきた。昔男女一緒に学ぶことが難しかった時代には女子大はそれなりの役割を果たしたが今は女子大付

66

属に入れても、大学は共学に流れる傾向だ。(40代・女)

●40年ほど前に比べると男女同権が浸透しつつあると感じるが、地方においてはまだ、男尊女卑が色濃く残っているところもある。都市部(東京も)に於いての女子大学は既にその役割を終えた感があるが、入学希望者が減少したと聞くと寂しく感じる。(50代・女)

●友人や知人を見て、女子大学と共学大学との差を感じない。女子大学に特別求めるものは無い。(60代・女)

●高校は女子校が良いと思うが、大学は共学が良い。女子だけでは見識が狭くなり、偏ってしまうのではないか。(60代・女)

●私の卒業した中学では技術も家庭科も男女共に学び、特に女性という意識を持たずに過ごしてきた。中学の同窓会では9割以上の女性が職業を持ち、男性よりも医師や弁護士といった専門的な仕事を持つ人が多かった。女子大学がつくられた時代の女性、女性にも財産権のあった平安時代の女性…。どのような社会が「いわゆる女性」をつくったのだろう。(60代・女)

●かつての女子大学は「リーダーシップのある女性を育てる」という目的があったと思うが、現在では共学大学でも部活のみならず、様々な活動の場で(駅伝の応援団長等)リーダー格の女性が増えている。それらを考えると、先の目的はいかがなものか。女子大学の中の様子は

よく知らないが、共学とは違った独特の雰囲気があるだろう。その「雰囲気」を大切にして新しい女子大学像をつくってもらいたい。(70代・男)

●女子大学生と女子高校生の差がよくわからない。女子大学生の教養とはいったい何か？（70代・男）

●女子大学自身が女子大学であることを意識しすぎているのではないか。(70代・男)

●女子だけを集めて教育するのはバランス感覚、男女の考え方の相違、判断力の育成などで不十分。考え方の違う同世代の中で、いろいろな事例に出会うことが良い。(70代・男)

●「女子大学」が絶対必要とは思っていない。もしその必要があれば、共学大学のなかの一部門として存在すればよい。これからも存在し続けるのなら、「女子大学」という「共学大学」とは異なる存在価値を表明していくことに尽きると思う。女性と男性の感性の違いはあって当然だから、男性には無い女性の特性を育てていく場所としての「女子大学」に期待する。(80代・男)

2.　女性性にこだわった教育を望む意見

●これからの時代に女子大学は必要。女子大学特有の教育実践があるから。(性別・年代　未記入)

●たまたま女性に生まれた者が女性として生きることに

誇りを持てるよう、折にふれて、教育を通し語りかけて
ほしい。(40代・女)

●女子大学に通う女性は意志が強く自分をしっかり持っ
ていると思う。共学大学が大半の世の中で、あえて「女
子大学」を選択すること自体、強い意志が必要だから。
(40代・男)

●女子大学というと女の花園というイメージだが、社会
に出れば男女共同参画時代。男性に対抗するのではな
く、女性特有の利点を伸ばし、一個人として豊かな感性
を磨ける場としての女子大学が、存続していけると良
い。(60代・女)

●中学・高校・大学と女子校だが、そのことで社会に出
てから共学大学卒の方との違いを感じたことは無い。女
子大学には異性の目を気にせずに伸び伸びと過ごせる心
地良さがある。個々の自信と自尊心があれば、自律した
社会人として役立つ人生を送れると思う。(60代・女)

●日本では男女共同参画社会の実現がもどかしいほど進
まない。女子大学の果たす大きな役割のひとつが、教育
の中での女性自身の意識の高揚と就職活動を含めた各種
の支援ではないか。(60代・女)

●月に一度女子大学へ書道を教えに行っているので、女
子同士で気軽に話しているところを見ると、社会人にな
る前の学生時間を楽しんでいるようで羨ましい気がす

る。共学には無い良さだと思う。（60代・男）

●女子大学では「自分という一個人を表現できる人材」の育成と、「被害妄想を持たない自分自身」への育成を期待する。（60代・女）

●女性が自分の一生を強く生き抜いていくことのできる、教育を、願っている。（80代・男）

●世界に誇る「すばらしい日本人」を育てるのは日本のお母さん。これからの女子大学は昔からある良妻賢母ではなく、新しい賢母像を目指してもらいたい。少女から女性に脱皮する時期に、女性同士の間から醸成される繊細で大きな母性を磨くことのできる質的環境を、たとえば教授陣やカリキュラム等で整えてほしい。（80代・男）

3.　専門性や個性に期待する意見

●女子大学に限らず大学の中に国際寮（留学生と内部学生、共通の寮）がもっと増えると良い。女子大学が生き残るためには企業努力も必要と思う。学生本人が希望する学部があり内容が合えば、入学する。時代遅れの大学はいらない。世界が近くなっていると思うので。（50代・女）

●女子大学には性的攻撃を受けないアカデミックな環境を提供してほしい。マイノリティの方々に対しての方針

を明らかにして細やかな対応を期待する。また、男女共同参画社会を実現するためには、先進国のスタンダードに追いつくことだ。女子大学のトップ運営が男性に占められ、女子のための施設なのに、女子の味方になっていないことが多すぎた。(50代・女)

●女子大学は、男女の不平等を是正するための力を蓄える場、であってほしい。自分の意見を持ち、発信するための訓練を充実させてほしい。(50代・女)

●この学問ならこの女子大学と、入学を希望する者に目指してもらえるような学問の府としての個性を高めていってもらいたい。(60代・女)

●かつて女子大学に学んだが、女性に学ぶ機会が少なかった時代に先輩が意欲的に学んだ伝統は残っているように見受けられる。共学大学より専攻学科を絞り込んで入学している学生が多いからか。今後女子大学が必要かどうかはわからないが、今まで蓄積してきた学問や研究体制を大切にし、開くべきところは開き、質の高い研究を進めてほしい。(60代・女)

●「異性を気にすることなく同性に囲まれた環境で学びたい」という女性のために「女子大学」は必要であると思う。しかしLGBTの権利を認めていこうという時代に「女子」という言葉がふさわしいのか、疑問がある。そういう意味で、トランスジェンダーの受け入れをどう

していくのか、といった課題を、これからの女子大学は
前向きに考え、提案していってほしい。（60代・女）
●目的意識を持つことや倫理観、人間性の醸成に、さら
に力を入れていただきたい。（70代・男）

　以上のように一般社会人の女子大学に対する意見は否
定や期待など様々であった。隅谷（1988，p161）も
「女子大学に対する否定的な見解に対して、存在の積極
的な意義を強調する人たちも、もちろん少なくない」と
している。「その理論的根拠となると必ずしも明確では
ない」が、「強いていえば、ヘーゲルではないが、存在
するものは理性的・合理的な根拠がある、という理論で
ある。女子大学に対する社会的なニーズは大きい。ニー
ズが大きいということは、存在の意義があるということ
である」と述べている。
　一般社会人がこのアンケートに寄せてくれた期待の声
は、まさに社会的ニーズといえるだろう。

第3章　学生の、女子大学及び
　　　　女子大学に通う女性に対する意識

　前章の一般社会人男性と女性の間では、女子大学やその学生に対する意識に多少のズレがみられた。社会人男性は、女子大学の存在に肯定的であり、その根拠となる理由に挙げているのは「男性とは異なる価値観を身につける」や「現実は男性優位の社会だから」であった。女子大学に求めるものは「共学大学とは異なる価値観」「のびのび学習できる環境」を挙げていた。また、20％の社会人男性が、「良い妻、賢い母の育成」を選択し、女性は0であったが「一歩控えた女性の育成」にも5％の回答があった。

　社会人女性の半数近くは女子大学の存続について「わからない」としている。その理由は「男女がいる以上共学の方が自然だ」が1位であった。期待するものとして「のびのび学習できる環境」や「国際的に通用する実力の養成」を挙げている。男性女性共に、「結婚に有利な世間体やイメージ」は0であった。女子大学に対して花嫁学校的イメージは払拭されているようだ。では、学生はどのような見方をしているのであろう。

　この章では共学大学や女子大学に通う学生を対象に、一般社会人とほぼ同時期、同じ内容で行ったアンケート調査の結果を分析する。ただし共学大学の学生、女子大学の学生が、現在自分の通っている大学についてどのように思っているのか、その考えを聞くために「入学した

理由」と「自分の通う大学についての満足度」を質問に付け加えた。協力してくれたのは成蹊大学文学部の学生、東京女子大学現代教養学部の学生である。調査対象者の内訳は共学大学生（成蹊大）が46名、女子大学（東京女子大）は77名で、共学大学生の数が女子大学の学生に比べ少なかったことでの偏りがあったことを付け加えておくが調査内容の比較は各全体の割合で算出した。

第1節　共学大学の学生、女子大学の学生による意識調査

1.　〈調査概要〉
　　調査期間　2018年10月・11月実施、12月集計
　　調査対象　共学大学（一部に大学院生を含む）と私立
　　　　　　　女子大学（一部に大学院生を含む）におけ
　　　　　　　る10代〜30代の男子学生・女子学生合計
　　　　　　　123名。（共学大学生合計46名、女子大学
　　　　　　　生は77名）共学大学と女子大学の比較は
　　　　　　　46名と77名のそれぞれを母集団としての
　　　　　　　割合でみた。
　　質問内容
　　1問　現在通学している共学大学・女子大学に入学し
　　　　　た理由

2問　入学した大学に対する満足度

3問　女子大学に通う女性のイメージとその理由

4問　女子大学に求めるもの

5問　女子大学存続についての考え

6問　女子大学がアピールする21世紀にふさわしい自立した女性像

7問　キャンパス内にあったらいいと思う施設やシステム

8問　男女共同参画社会基本法認知と参画社会実現のための意見

9問　残しておきたい「女らしさ」、変えたほうがいい「女らしさ」

10問　女子大学に期待すること、疑問、不満等自由記述

2. 〈調査の結果〉女子大学の学生の意識、共学大学の学生との比較

　ここからは女子大学の学生（以下、女子大生）の意識を共学大学の男女学生全体（以下、共学大生）と比較しながら分析していく。

（1）現在通学している共学大学・女子大学に入学した理由

　女子大生が「女子大学に入学した理由」の1位にあげ

たのは「志望する共学大学に落ちた」からで50.6％、つ
いで「希望の専攻分野があった」が37.6％、「親戚や家
族のすすめが30％、「学校や塾教師のすすめ」が23.4％、
「回答なし」20.8％と続いている。

　一方共学大生の87％が「自分の意志」、つぎは「回答
なし」32.6％、3位に「希望の専攻分野…」30.4％、「偏
差値と見合うところだった」19.6％を選んでいる。女子
大生の「自分の意志」は18.2％である。本来は共学大学
に行きたかった女子が、志望校に落ちて、やりたい専攻
分野もあり、親戚や家族のすすめ、学校や塾教師のすす
めもあって、自分の意志ではない「女子大学」へ入学し
た、ということなのだろうか。（表3－2－1）、（図3－2
－1）（図3－2－2）

表3-2-1
女子大生と共学大生（男子・女子の合計）の相違
　現在の大学に入学した理由、女子大生、共学大生との比較

選択肢	入学した理由	選択肢	
	女子大生		共学大生
ア	18.2	ア	87
イ	30	イ	10.8
ウ	23.4	ウ	10.8
エ	16.8	エ	19.6
オ	50.6	オ	2.2
カ	37.6	カ	30.4
キ	2.6	キ	6.6
ナシ	20.8	ナシ	32.6
合計％	200	合計％	200

ア　自分の意志
イ　親戚・家族のすすめ
ウ　学校や塾教師のすすめ
エ　偏差値と見合うところだった
オ　志望する共学大学に落ちた
カ　希望の専攻分野があった
キ　その他
ナシ　回答なし

78

図3-2-1 女子大学に入学した理由

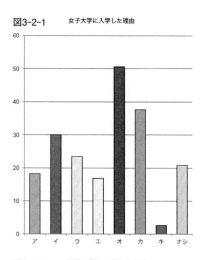

図3-2-2 共学大学に入学した理由

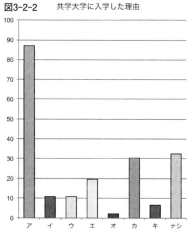

（2）入学した大学に対する満足度

　面白いことに女子大生の84.3％が、入学の動機はどうあれ「満足」と答えている。ここでは「自分の通う大学に満足して自信を持って卒業できそうか」を質問しているが「かなりそう思う」は14.2％、「まあまあそう思う」70.1％である。「かなり…」と「まあまあ…」を併せた共学大生の95.6％には及ばないが、それほどの差はみられない。「どちらかというと不満がある」のは共学大生2.2％、女子大生5.3％で、あまり満足していない、どちらかと言えば不満がある女子大生は共学大生より若干高かった。（表3－2－2）、（図3－2－3）

表3-2-2
　　入学した大学に対する満足度

選択肢	満足度		1 かなりそう思う
	女子大生	共学大生	2 まあまあそう思う
1	14.2	10.8	3 あまりそう思わない
2	70.1	84.8	4 どちらかというと不満がある
3	7.8	2.2	5 よくわからない
4	5.3	2.2	ナシ　回答なし
5	2.6	0	
ナシ	0	0	
合計%	100	100	

図3-2-3

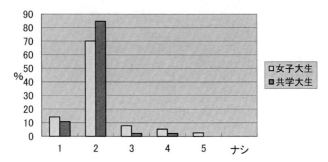

女子大生・共学大生，大学に対する満足度

（3）女子大学に通う女性のイメージとその理由

　女子大生自身も1位「育ちの良いお嬢さん」とみられることには61％（共学大生67.6％）が支持しているが、2位以下は共学大生のイメージとかけ離れる。2位の「意志が強く自分をしっかり持っている」とした女子大生は33.8％（共学大生13％で4位）、3位「やさしくて女らしい」は22％（共学大生34.8％で2位）、4位の「男まさりでリーダーシップがとれる」では17％（共学大生8.6％で7位）、「流行に敏感」が5位で15.6％（共学大学21.8％で3位）、6位「遊んでいる女性が多そう」を10.4％の女子大生が選んでいるが、共学大生は13％とわずかに多かった。共学大生がそのように思った理由も「現在付き合っている女性」2.2％や「かつて付き合って

表3-2-3

女子大生と共学大生相違をみる
女子大学に通う女性のイメージとその理由

	イメージ			理由	
選択肢	女子大生	共学大生	選択肢	女子大生	共学大生
ア	61	67.6	ア	31.2	41.4
イ	17	8.6	イ	10.4	2.2
ウ	22	34.8	ウ	4	4.4
エ	33.8	13	エ	5.2	13
オ	10.4	13	オ	54.6	28.2
カ	4.2	0	カ	19.4	21.8
キ	6.4	6.6	キ	14.2	21.8
ク	6.4	13	ク	37.6	45.6
ケ	15.6	21.8	ケ	7.8	8.6
コ	9	4.4	ナシ	15.6	13
サ	7.8	8.6	合計%	200	200
ナシ	6.4	8.6			
合計%	200	200			

ア　育ちの良いお嬢さん
イ　男まさりでリーダーシップがとれる
ウ　やさしくて女らしい
エ　意志が強く自分をしっかりもっている
オ　遊んでいる女性が多そう
カ　他人に流されやすい
キ　緊張感がうすくだらしがない
ク　異性を気にし過ぎる
ケ　流行に敏感
コ　厳しくしつけられ良く勉強している
サ　その他
ナシ　回答なし

ア　新聞・雑誌・テレビの影響
イ　現在付き合っている女性で
ウ　かつて付き合っていた女性で
エ　小説やドラマの影響
オ　周りの友人をみて
カ　身内の女子大出身者をみて
キ　近所の女子大生をみて
ク　ただ何となく
ケ　その他
ナシ　回答なし

いた女性」4.4％、ではなく「ただ何となく」45.6％がトップであり、「新聞・雑誌・テレビの影響」が41.4％で2位であったのも興味深い。ちなみに女子大生の1位は54.6％の「周りの友人をみて」、イメージをつくっているようだ。（表3－2－3）、（図3－2－4）（図3－2－5）

図3-2-4

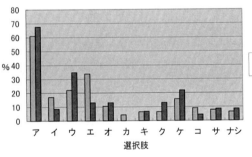

女子大学に通う女性のイメージ　共学大学との比較

選択肢

ア　育ちの良いお嬢さん
イ　男まさりでリーダーシップがとれる
ウ　やさしくて女らしい
エ　意志が強く自分をしっかりもっている
オ　遊んでいる女性が多そう
カ　他人に流されやすい
キ　緊張感がうすくだらしがない
ク　異性を気にし過ぎる
ケ　流行に敏感
コ　厳しくしつけられ良く勉強している
サ　その他
ナシ　回答なし

図3-2-5

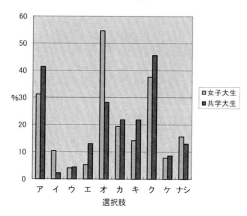

イメージの理由

凡例：
■ 女子大生
■ 共学大生

選択肢

- ア　新聞・雑誌・テレビの影響
- イ　現在付き合っている女性で
- ウ　かつて付き合っていた女性で
- エ　小説やドラマの影響
- オ　周りの友人をみて
- カ　身内の女子大出身者をみて
- キ　近所の女子大生をみて
- ク　ただ何となく
- ケ　その他
- ナシ　回答なし

（4）女子大学に求めるもの

時代を反映しているのか女子大生のトップは現実的な「就職に強い、学生に有利な支援体制」43％であった。2位が「国際的に通用する実力の養成」、「共学大学とは異なる存在価値」「のびのび学習できる環境」が同率で

27.2％、「生涯を通したサポートシステム」が19.4％と続く。また「一歩控えた女性の育成」（女子大生1.2％、共学大生2.2％）や「良い妻、賢い母の育成」（女子大生4％、共学大生4.4％）、「結婚に有利な世間体やイメージ」（女子大生6.6％、共学大生4.4％）は学生の中ではとんど支持されていないことがわかる。

共学大生のトップには「共学大学とは異なる存在価値」41.4％、2位が「生涯を通したサポートシステム」24％であった。（表3-2-4）、（図3-2-6）

表3-2-4

女子大学に求めるもの

選択肢	要望	
	女子大生	共学大生
1	27.2	17.4
2	27.2	41.4
3	27.2	15.2
4	43	17.4
5	4	4.4
6	1.2	2.2
7	6.6	4.4
8	10.4	6.6
9	10.4	10.8
10	19.4	24
11	10.4	13
12	1.2	0
13	6.6	24
14	1.2	2.2
ナシ	4	17
合計%	200	200

1 国際的に通用する実力の養成
2 共学大学とは異なる存在価値
3 のびのび学習できる環境
4 就職に強い、学生に有利な支援体制
5 良い妻、賢い母の育成
6 一歩控えた女性の育成
7 結婚に有利な世間体やイメージ
8 資格取得に直結したカリキュラム
9 男性とは異なる考え方の基礎となる教養科目
10 生涯を通したサポートシステム
11 友人との充実した人間関係
12 教員との充実した人間関係
13 女子大に特別求めるものはない
14 その他
ナシ 回答なし

図3-2-6

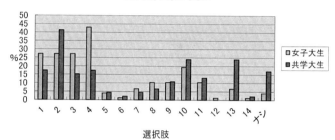

女子大学に求めるもの

選択肢

1　国際的に通用する実力の養成
2　共学大学とは異なる存在価値
3　のびのび学習できる環境
4　就職に強い、学生に有利な支援体制
5　良い妻、賢い母の育成
6　一歩控えた女性の育成
7　結婚に有利な世間体やイメージ
8　資格取得に直結したカリキュラム
9　男性とは異なる考え方の基礎となる教養科目
10　生涯を通したサポートシステム
11　友人との充実した人間関係
12　教員との充実した人間関係
13　女子大に特別求めるものはない
14　その他
ナシ　回答なし

(5) 女子大学存続についての考え

　当然なことながら女子大生の6割近くが存続について
「必要」と答えた。その理由については「現実は男性優
位の社会だから」19.5％で最も多く、「女子大学の方が
自信・自尊心が育つ」16.9％であった。「男性とは異な
る価値観を身につける」は10.4％で女子大生のほぼ1割
だが、共学大生が「必要」を選択した45.6％の中で
23.9％と最も支持した理由である。また共学大生が「否
定」とした理由のトップが「男女が切磋琢磨して共生社
会になる」4.3％であったのに対して、これを支持した
女子大生は0であった。（表3－2－5）、（図3－2－7）

表3-2-5

女子大学存続についての考え

選択肢	存続について	
	女子大生	共学大生
1-イ	19.5	13
1-ロ	10.4	23.9
1-ハ	0	0
1-ニ	16.9	6.5
1-ホ	9.1	2.2
2-イ	1.3	0
2-ロ	1.3	2.2
2-ハ	2.6	2.2
2-ニ	0	4.3
2-ホ	2.6	0
3-なし	36.3	45.7
合計%	100	100

<必要の選択肢>
1-イ　現実は男性優位社会だから
1-ロ　男性とは異なる価値観を身につける
1-ハ　モデルとなる女性教員が多い
1-ニ　女子大学の方が自信・自尊心が育つ
1-ホ　その他
<否定の選択肢>
2-イ　充分に女性は強くなった
2-ロ　男女がいる以上共学の方が自然だ
2-ハ　「女子だけで教育」は時代遅れ
2-ニ　男女が切磋琢磨して共生社会になる
2-ホ　その他
<わからないの選択肢>
3-なし　わからない

	女子大生	共学大生
必要	55.9	45.6
否定	7.8	8.7
わからない	36.3	45.7
合計%	100	100

図3-2-7

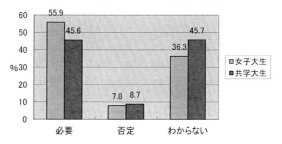

女子大生・共学大生からみた女子大学の存続

<必要の選択肢>
1-イ　現実は男性優位社会だから
1-ロ　男性とは異なる価値観を身につける
1-ハ　モデルとなる女性教員が多い
1-ニ　女子大学の方が自信・自尊心が育つ
1-ホ　その他

<否定の選択肢>
2-イ　充分に女性は強くなった
2-ロ　男女がいる以上共学の方が自然だ
2-ハ　「女子だけで教育」は時代遅れ
2-ニ　男女が切磋琢磨して共生社会になる
2-ホ　その他

(6) 女子大学がアピールする21世紀にふさわしい自立
　　した女性像

　女子大生のベスト3を見てみよう。1位が「自分の意
見を持ちそれを発信できる女性」65％（共学大生も
74％で1位）、2位「目的意識と実践で自己実現を果たす
女性」39％（共学大生24％で2位）、3位が「どんな状況
でも自信と自尊心を持った女性」22％（共学大生24％
で2位と同率）である。4位以下は「経済的・精神的に
自活できる女性」19.4％（共学大生10.8％）、「…専門性
を身につける」は18.2％（共学大生15.2％）で全体では

低い。(表3-2-6)、(図3-2-8)

表3-2-6

選択肢	自立した女性像	
	女子大生	共学大生
1	65	74
2	18.2	15.2
3	39	24
4	15.6	19.4
5	19.4	10.8
6	0	2.4
7	22	24
8	10.4	19.4
9	0	0
ナシ	10.4	10.8
合計%	200	200

1　自分の意見を持ちそれを発信できる女性
2　積極的に挑戦し専門性を身につける女性
3　目的意識と実践で自己実現を果たす女性
4　問題解決能力、論理的思考をもった女性
5　経済的・精神的に自活できる女性
6　夫を支え環境改善に力を尽くす女性
7　どんな状況でも自信と自尊心をもった女性
8　自分らしい個性で社会貢献ができる女性
9　その他
ナシ　回答なし

図3-2-8

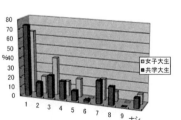

21世紀にふさわしい自立した女性像

1　自分の意見を持ちそれを発信できる女性
2　積極的に挑戦し専門性を身につける女性
3　目的意識と実践で自己実現を果たす女性
4　問題解決能力、論理的思考をもった女性
5　経済的・精神的に自活できる女性
6　夫を支え環境改善に力を尽くす女性
7　どんな状況でも自信と自尊心をもった女性
8　自分らしい個性で社会貢献ができる女性
9　その他
ナシ　回答なし

郵 便 は が き

料金受取人払郵便

新宿局承認

1408

差出有効期間
2021年6月
30日まで
（切手不要）

160-8791

141

東京都新宿区新宿1-10-1

(株)文芸社

愛読者カード係 行

‖‖

ふりがな お名前		明治　大正 昭和　平成	年生　　歳
ふりがな ご住所	□□□-□□□□	性別 男・女	
お電話 番　号	（書籍ご注文の際に必要です）	ご職業	
E-mail			

ご購読雑誌（複数可）	ご購読新聞
	新聞

最近読んでおもしろかった本や今後、とりあげてほしいテーマをお教えください。

ご自分の研究成果や経験、お考え等を出版してみたいというお気持ちはありますか。

ある　　　　ない　　　　内容・テーマ（　　　　　　　　　　　　　　　　　　　）

現在完成した作品をお持ちですか。

ある　　　　ない　　　　ジャンル・原稿量（　　　　　　　　　　　　　　　　　）

書 名							
お買上書店	都道府県	市区郡	書店名				書店
			ご購入日	年	月	日	

本書をどこでお知りになりましたか?
　1.書店店頭　2.知人にすすめられて　3.インターネット(サイト名　　　　　)
　4.DMハガキ　5.広告、記事を見て(新聞、雑誌名　　　　　　　　　　　)

上の質問に関連して、ご購入の決め手となったのは?
　1.タイトル　2.著者　3.内容　4.カバーデザイン　5.帯
　その他ご自由にお書きください。

本書についてのご意見、ご感想をお聞かせください。
①内容について

- -

②カバー、タイトル、帯について

（7）キャンパス内にあったらいいと思う施設やシステム

　女子大生1位は44.2％で「女性専門のクリニック」を選んでいた。39％が「法学、経済学、経営・商学など実社会に直結した学部の設置」と「インターネット学習で単位取得」が同率2位。4位の20.8％が「考えたことがない」としている。

　共学大の1位、50％は「インターネット学習で単位取得」を選択。2位の43.4％は「留学生と食の交流ができる部屋」を選んでいる。3位が「考えたことがない」。「保育室や託児所」（女子大9％、共学大8.6％）や「お年寄りのデイケア施設」（女子大1.2％、共学大2.2％）、通信教育（女子大2.4％、共学大4.4％）の選択肢は、ほとんど支持されなかった。（表3－2－7）、（図3－2－9）

（8）男女共同参画社会基本法認知と参画社会実現のための意見

　共学大生は「内容まで知っている」4.3％、「だいたいのことは知っている」50％を併せると54.3％がこの法律を知っていた。女子大生の40.0％をはるかに上回っている。しかし「全く知らなかった」女子大生は0％（共学大生2.2％）、「興味がない」（女子大生5.2％、共学大生2.2％）がいたことを付け加えておく。

　また男女共同参画社会を実現するためには女子大生

表3-2-7

キャンパス内にあったらいいと思う施設やシステム

選択肢	施設やシステム	
	女子大生	共学大生
ア	9	8.6
イ	1.2	2.2
ウ	39	8.6
エ	44.2	17.4
オ	14.2	43.4
カ	39	50
キ	2.4	4.4
ク	20.8	22
ケ	7.8	13
ナシ	22.4	30.4
合計%	200	200

ア　保育室や託児所
イ　お年寄りのデイケア施設
ウ　実社会に直結した学部の設置
エ　女性専門のクリニック
オ　留学生と食の交流ができる部屋
カ　インターネット学習で単位取得
キ　通信教育
ク　考えたことがない
ケ　その他
ナシ　回答なし

図3-2-9　　　　キャンパス内にあったらいい施設・システム

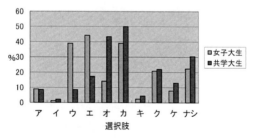

ア　保育室や託児所
イ　お年寄りのデイケア施設
ウ　実社会に直結した学部の設置
エ　女性専門のクリニック
オ　留学生と食の交流ができる部屋
カ　インターネット学習で単位取得
キ　通信教育
ク　考えたことがない
ケ　その他
ナシ　回答なし

68.8％、共学大生60.9％が同じ「男女の性にとらわれず個性を認め合う」を選んだ。女子大生の14.3％、共学大生の4.3％は「よくわからない」を選択している。（表3－2－8）、（図3－2－10）

　（9）残しておきたい「女らしさ」、変えたほうがいい「女らしさ」

　1位から3位まで、女子大生・共学大生は共に同じ選択肢を選んでいる。残したい「女らしさ」の1位は「やさしさ」で女子大生80.5％、共学大生91.4％。2位が「品のよさ」で女子大生70.1％、共学大生78.2％。3位が「言葉使い」で女子大生62.3％、共学大生76.2％であった。

　残しておきたい「女らしさ」に5割以上選ばれた4位以下の選択肢を見てみよう。女子大生が「気配り」61％、「包容力」・「素直さ」・「しとやかさ」が59.7％の同率、「かわいらしさ」58.4％であった。共学大生も「包容力」71.4％、「競争心」・「しとやかさ」が同率で67.4％、「素直さ」・「気配り」同率の65.1％、「かわいらしさ」・「家事・育児が好き」が同率で60.9％であった。

　ちなみに共学大生が女子大生より高い数値を示したのが「競争心」67.4％と、（女子大生42.8％）と「家事・育児が好き」60.9％（女子大生31.2％）であった。

表3-2-8

男女共同参画社会基本法認知と実現策

	参画社会基本法認知			その実現策	
選択肢	女子大生	共学大生	選択肢	女子大生	共学大生
ア	2.6	4.3	ア	2.6	23.9
イ	36.4	50	イ	10.4	6.5
ウ	55.8	41.3	ウ	68.8	60.9
エ	0	2.2	エ	1.3	0
オ	5.2	2.2	オ	14.3	4.3
合計%	100	100	カ	2.6	2.2
			ナシ	0	2.2
			合計%	100	100

ア 内容までよくしっている
イ だいたいのことはしっている
ウ 聞いたことはある
エ 全くしらなかった
オ 興味がない

ア 女性の地位を男性並みに引き上げる
イ 男らしさ女らしさの基準を問いなおす
ウ 男性・女性という性の別にとらわれず個性を認め合う
エ 国や地方自治体のやり方に従う
オ よくわからない
カ その他

図3-2-10　　　　　**男女共同参画社会基本法の認知度**

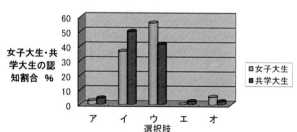

ア 内容までよくしっている
イ だいたいのことはしっている
ウ 聞いたことはある
エ 全くしらなかった
オ 興味がない

　一方変えたほうがいい「女らしさ」のトップは女子大生74％、共学大生63％で共に「自己主張せず」を選んでいる。2位は「従順さ」女子大生64.9％、共学大生は47.8％、女子大生3位は「奉仕の精神」46.8％（共学大生17.3％で5位）、女子大生4位は「甘え・依存」42.8％（共学大生45.7％で3位）となっている。

「自己主張せず」「従順さ」「甘え・依存」の3項目は社会人女性も選択しており、女性にとってクリアするべき課題であろう。残しておきたい「家事・育児が好き」では共学大生60.9％、女子大生31.2％で大きく差が開いている。これらの選択肢に高い支持を集めた項目は「女らしさ」というよりも男女共に残しておきたい「自分らしさ」であり、変えたほうがいい「人としての生き方」といえるかもしれない。（表3－2－9）

第2節　アンケートによる調査結果の考察

　女子大生と共学大生は相違も少し見えてきた。たとえば女子大学存続の必要性について、共学大学は約半数が「必要」45.6％であり、45.7％が「わからない」と答えたが、女子大生は「現実は男性優位の社会」19.5％であり「女子大学の方が自信・自尊心が育つ」16.9％として半数以上が女子大学存在の「必要」（55.9％）を訴えてい

表3-2-9

残しておきたい「女らしさ」・変えたほうがいい「女らしさ」

選択肢	残す		変える		わからない		回答なし	
	女子大生	共学大生	女子大生	共学大生	女子大生	共学大生	女子大生	共学大生
1やさしさ	80.5	91.4	6.5	0	13	4.3	0	4.3
2しとやかさ	59.7	67.4	15.6	8.7	23.4	19.6	1.3	4.3
3従順さ	10.4	13	64.9	47.8	22.1	32.7	2.6	6.5
4セクシーさ	36.3	26.1	28.6	15.2	32.5	50	2.6	8.7
5家事・育児	31.2	60.9	35	19.6	31.2	13	2.6	6.5
6言葉使い	62.3	76.2	13	4.3	22.1	13	2.6	6.5
7甘え・依存	16.9	15.2	42.8	45.7	37.7	34.8	2.6	4.3
8自己主張せず	7.8	4.3	74	63	15.6	21.7	2.6	11
9かわいらしさ	58.4	60.9	9.1	4.3	29.9	23.8	2.6	11
10品のよさ	70.1	78.2	5.2	2.1	22.1	8.7	2.6	11
11競争心	42.8	67.4	9.1	4.3	45.5	17.3	2.6	11
12奉仕の精神	20.8	39.1	46.8	17.3	29.8	32.6	2.6	11
13包容力	59.7	71.7	10.4	4.3	27.3	13	2.6	11
14素直さ	59.7	65.1	9.1	4.3	28.6	19.6	2.6	11
15気配り	61	65.1	11.7	6.5	23.4	17.3	3.9	13.3
16その他	0	0	0	0	0	0	0	0

る。

　一方「必要」を選択した共学大生は「現実が男性優位社会である」ことから「男性とは異なる価値観を身につける」ために女子だけの別学教育が必要であると回答した。現実的に女子大・共学大学生の約95％が男女共同参画社会基本法を理解している。ここではアンケート調査の10問で自由に記述してもらった女子大学に対する期待や疑問、不満などを紹介しながら、女子大学に今、何が求められ、どのような意義があるのかを探ってみる

ことにする。

1.　女子大学否定・疑問の立場からの意見

●女子校の中高一貫校を出てそのまま女子大学に進んだ女性は、就職して男性がいる場所で本領発揮できるのか、疑問だ。(成蹊大1年・女)

●「女子・女性」だからということではなく、「女子大出身」と言う理由で就職活動のときに共学大と比較して「得」をしているのではないか。(女子大ブランドで。特に有名女子大学において)　周辺の女子大学に通う学生たちは"THE　女子大生"みたいな人が多くて、自分が入学するには気が引ける。(成蹊大　学年未記入・女)

●女子大学には実態と世間からの印象に、大きな差があるのではないか?　インカレサークル(※インターカレッジの略語で他大学の学生と交流できるサークルのこと)などで女子大生の身体を目的とした勧誘もあると聞く。女子大学ではそういったものに対する注意などはどういう形で行っているのだろう。(成蹊大1年・男)

●女子大学では何を学んでいるのか気になる。全学部共通で学ぶことはあるのか?　女子大出身の女性が活躍する場は増えるだろう。しかし採用する人間が、女性に対して偏見を持った人物であれば、女性の活躍は期待できないのではないか。(成蹊大3年・女)

●「○○女子大学です」というと「女子大なんだ〜」と言われるときの偏見交じりの反応がすごく嫌だ。（東京女子大3年）

●共学大学生の女子大学に対するイメージがうっとおしい。（東京女子大4年）

●女子大学には経済や法学部など実社会に直結した学部が少ない。また、偏差値の高い共学大学とインカレで遊んでいる…世間のイメージが不満だ。（東京女子大4年）

●他大学とのインカレサークルに所属しているが、共学大学生の女子よりも出会いを求めて来ているとみられることが多い。団体の中ではそういったことは無いが、他団体からの目線が気になることがある。（東京女子大4年）

●周囲から「女子大学は○○」という評価がめんどうくさい。みんな共学大学と変わらないと思う。（東京女子大4年）

●東京女子大への不満は「閉鎖的」な所。東女の主催、ゼミ主催で何か行おうと企画してもうまくいかないことが多い。（東京女子大4年）

2. 女子大学肯定・必要とする立場からの意見

●女子校に通っていたので、女子大学も良い雰囲気なのだろうと想像できる。ときどき女子大学を受験する人や

女子大学生のなかに、男性が嫌いという声を聞くが、女性が男性と平等でありたいと思うときに嫌いになるのではなくお互いの良さを尊重し合う機会を持つことが大切かと思う。（成蹊大1年・女）

●女子大学に入っても合コンなどで男性と関わる部分もあるし、授業中に男性に対して恥をかくこともなくて良いと思う。（成蹊大1年・女）

●素敵なレディになるのでは。（成蹊大1年・女）

●女子大学に期待することとして共学大学にはない、女子大学ならではの学びやカリキュラムがあれば「女子大学」存在の価値がある。（成蹊大3年・女）

●働き方改革が進み、女性の社会進出が促進されている今だからこそ、女性だけという環境の中で培ってきた視野などを武器に、大いに社会で自分の力を発揮してほしい。個人的には、総合職を希望する女性が、女子大学の働きかけやネットワークなどで大半を占める未来が来れば大変うれしく思う。（成蹊大3年・男）

●女子大出身者には何となく雰囲気が感じられる。おそらく女子大という独特の空気があるのだろう。そのような特異性を持った「女子大学」というコミュニティは存在する価値があると思う。（成蹊大4年・男）

●異性の目を気にしないでいられることが可能であり、伸び伸びできる環境での勉強がありがたい。（東京女子

大3年）

●大学施設の清潔さ、男性優位の社会で「女性だからこそできること」を教えてくれる所が魅力。（東京女子大4年）

●「強く生きる女性」の教育を期待する。（東京女子大4年）

●女子大学は心地良いです。（東京女子大4年）

●これからの女子大学生には自立心が高く挑戦的になれるような環境が必要。頼れる男性がいないので。（東京女子大4年）

●これからも女子大学の存続は必要と考える。多様な社会になりつつあるため、むしろ「女性」としての自己を考える場が必要だ。ライフステージごとにうまれる男女の違いは認め、差を埋める努力をすれば、男女共同参画社会はきっと実現する。（東京女子大4年）

●これからの時代はジェンダーレスだと思う。性別は、男・女の2種類だけではない、もっと性・ジェンダーの多様化を考えたい。（東京女子大大学院3年）

　以上のように女子大学に対する学生の意見は、置かれている立場（共学大・女子大）によって様々であった。よく見ると「男性だから女性だから」という型にはまった考えや性役割意識にとらわれているステレオタイプの

学生は少なく、むしろ性の多様化に言及する意見があったことに時代を感じる。第4章では、実際に女子大学がどのような取り組みをしているのか具体的に見ていきたい。

第4章　女子大学の現状と課題

第1節　大学における教育改革

　第1章で示したように1872（明治5）年「学制」が発布され日本の近代学校制度がスタートした。これを第1の教育改革とするなら、2番目の教育改革は第二次大戦後の新憲法によって教育に関する重要事項が教育勅語ではなく教育基本法という法律によって定められることになり、初めて民主主義原理にかなった教育制度が実現したことであろう。3番目が「教育の構造改革」。その大きな柱となっているのが大学改革で、明治以来、国家に庇護されてきた国公立大学の独立法人化、再編・統合、規制の緩和である。1987（昭和62）年に設置された大学審議会の答申1991（平成3年）年によって大学設置基準が自由化の方向へ改定され、政府は2002（平成14）年末に学校教育法や私立学校法を改正して国公私立大学・短大・高等専門学校に共通する改革を導入した。従来の許認可重視、事前規制主義から事後チェック重視へ移行したのである。大学や大学院の設置、学部・学科の改編などが容易となった。そこで政府は大学の教育研究を質の面で保証する目的で3つのシステムを導入した。1. 大学側の自己点検・自己評価の実施、2. 全大学に対する第三者評価の義務付けと情報公開、3. 国際競争力

強化のための研究支援である。2003（平成15）年、文部科学省から出された「教育の構造改革」には4つの理念と計画が示されている。

1.「個性」と「能力」の尊重

　法科・経営の専門職大学院制度を創設して社会をリードするプロフェッショナルを育成。各大学の優れた教育プロジェクトを認定し支援する「特色ある大学教育支援プログラム」を15年度から実施、大学間に競争原理を導入して活性化を図る。16年度から「海外先進教育研究実践支援プログラム」を創設、教員の教育研究向上を目的とした海外派遣の取り組みを支援する。

2.「社会性」と「国際性」の涵養

　キャリア教育の推進により大学や大学院への社会人入学者を拡大。留学生交流の充実で「留学生受け入れ10万人計画」を目指す。産学官連携による知の創出を図る。

3.「選択」と「多様性」の重視

　国公私立の大学院博士課程を優れた研究教育の拠点として形成するため「21世紀COEプログラム」を14年度より実施、優れた研究に重点支援を行う。

4.「公開」と「評価」の推進

　国公私立全大学への第三者評価実施の義務づけと社会への結果の公表を通して、教育研究の改善を期待する。

　その後、中央教育審議会は「我が国の高等教育の将来像」で2005（平成17）年以降、2015（平成27）年〜2020（令和2）年頃までに想定される高等教育の将来像とその実現に取り組むべき施策「12の提言」を答申。世界トップクラスの大学院の形成や高等教育への支援の拡充、学生支援の充実・体系化などが示された。

　2012（平成24）年には「大学改革実行プラン―社会の変革のエンジンとなる大学づくり」が文部科学省の副大臣をトップとするプロジェクトチーム（大学改革タスクフォース）によって策定され日本の少子高齢化、グローバル化、新興国の台頭による社会変化に対し大学教育の質的転換と入試改革、高校と大学の接続改革、グローバル化に対応した人材育成などが打ち出された。政権が変わり、2013（平成25）年には「教育再生実行会議」が設置され、2017（平成29）年には改正学校教育法が成立。国際競争が激化する状況下、優れた専門職人の養成を目的とする新たな高等教育機関として大学制度に位置づけられた「専門職大学」「専門職短期大学」が創設、2019（平成31）年4月に3校、2020（令和2）年

には新たに8校が開校した。

　このように各大学は改革の転換期に立たされている。女子大学も例外ではない。年齢や国籍の異なる多彩な受験生を受け入れるために入学制度や新入生教育の見直し、カリキュラムの再編や就職支援、学部・学科の新設や改編、大学教員のさらなる研さんも求められることになった。実際の女子大学ではどのような取り組みをしているのだろう。

第2節　東京・神奈川・埼玉から9校の女子大学を選んでみた

1. 女子大学の置かれている現状

　少子化に伴って志願者全員が大学に入学できる「全入時代」が到来。大学の定数と進学志願者の数がほぼ同じになり、高望みをしなければ誰でも高等教育が受けられるようになった。それが2009年とされていたが文部科学省の試算直しで2007年に前倒しとなるも、志願者は特定の人気大学に集中し、結果、定員を割り込んで経営難に陥る大学も増えている。前倒しの原因は現役受験生の志願率の伸び悩みだ（読売新聞社説，2004.7.28）。

　18歳人口は1992（平成4）年の205万人を境に減少し、2000（平成12）年に151万人、2030（令和12）年には116万人にまで落ち込むと推測される。18歳人口の約半

数が女子であり大半が共学大学志向とすれば、女子大学
は残りの志願者を増やすことでしか生き残ることができ
ない。

　筆者は東京近郊に位置し、創立70年以上の歴史と伝
統があり、就職率も高く受験生に人気のある9校の女子
大学（大妻女子大学、鎌倉女子大学、共立女子大学、女
子栄養大学、女子美術大学、白百合女子大学、聖心女子
大学、東洋英和女学院大学、日本女子体育大学）を選び
調査した。

2. 各女子大学の印象から
　女子大学の学部学科構成や建学の精神、教育理念・目
標などから9校を3つのカテゴリーに分けた。すなわち
大妻、鎌倉、共立を〈家政・人文系〉、白百合、聖心、
東洋英和を〈ミッション系〉、女子栄養、女子美術、日
本女子体育を〈文化・芸術・体育系〉とした。
〈家政・人文系〉
●神奈川の鎌倉女子大学は「伝統が育む実学教育」を目
指し1943（昭和18）年に京浜女子家政理学専門学校と
して横浜市に設立。1999（平成11）年に大船の松竹旧
大船撮影所跡地を取得、2003（平成15）年に大船キャ
ンパス開設、大学と短期大学部を移転。家政学部（家政
保健学科、管理栄養学科）、児童学部（児童学科、子ど

も心理学科）、教育学部（教育学科）と短期大学部、大学院を設置。2017年度大学の就職率は98.4％、管理栄養士国家試験合格率は99.2％、保育士採用176人、幼稚園教諭175人、小校教諭85人。クラスアドバイザー、ゼミ担当教員、就職カウンセラーの連携による三位一体のサポートで高い就職率。

●「女性の自立と自活」を掲げ都心に位置する総合大学、共立女子大学は、1886（明治19）年に共立女子職業学校として創立。家政学部（被服学科、食物栄養学科、建築・デザイン学科、児童学科）、文芸学部（文芸学科）、国際学部（国際学科）、看護学部（看護学科）と短期大学部、大学院が設置されている。2017年度就職率は全体で96.3％、家政学部児童学科と看護学部看護学科は100％、看護師国家試験合格率は99.0％、管理栄養士国家試験合格率は98.0％。大学1年次よりキャリア形成支援がスタート。

●大妻女子大学は1908（明治41）年、創立者大妻コタカの「女子も学び、社会に貢献できる力を身につけ世の中で発揮していくことが女性の自立につながる」と「自分らしく自立した女性であれ」の思いからスタート、2018（平成30）年に110周年を迎えた。家政学部（被服学科、食物学科、児童学科、ライフデザイン学科）、文学部（日本文学科、英語英文学科、コミュニケーション

文化学科）、社会情報学部（社会情報学科）、人間関係学部（人間関係学科、人間福祉学科）、比較文化学部（比較文化学科）と短期大学部、大学院を設置。全体の就職率は97.9％、被服学科、食物学科（管理栄養士専攻）、児童学科（児童教育専攻）、人間福祉学科（人間福祉学専攻）の4専攻は100％の就職率。キャリア・就職プログラムが充実。

〈ミッション系〉

●カトリックの精神で知性と感性の調和を目指す白百合女子大学は1878（明治11）年、シャルトル聖パウロ修道女会によって函館に修道院を創立しスタートした。1965（昭和40）年調布に4年制大学を設立。1978（昭和53）年日本における教育施設は創立100周年を迎えた。文学部（国語国文学科、フランス語フランス文学科、英語英文学科）と人間総合学部（児童文化学科、発達心理学科、初等教育学科）、大学院が設置され、2018年度の就職率は97％、フランス語フランス文学科の就職率100％。3年次に学生全員と個別面談がありブラッシュアップ講座、就職支援のセミナーなど多数開催。

●聖心女子大学の設立母体は江戸末期1800年にカトリック教育修道会「聖心会」によりフランスのパリ創立。1916（大正5）年聖心女子学院高等専門学校が開校、1948（昭和23）年には日本最初の新制女子大学の一つ

として開学した。2019（平成31）年4月より学部名変更
で文学部から現代教養学部となり、英語文化コミュニ
ケーション学科、日本語日本文学科、哲学科、史学科、
人間関係学科、国際交流学科、心理学科、教育学科（教
育学専攻、初等教育学専攻）の8学科2専攻と大学院が
設置されている。就職率97.7％、決定した進路への満足
度は94.7％と高い数値を示す。キャリアセンターによる
キャリア形成支援や上級生・卒業生によるセミナー開催
など手厚いサポートが充実。

●横浜市緑区にある東洋英和女学院大学。1884（明治
17）年、母体である東洋英和女学院が開校し1950（昭
和25）年短期大学、1989（平成元）年に大学を開設。
2004（平成16）年に学院創立120周年、大学開学15周
年を迎えた。神を敬い人に尽くす「敬神奉仕」が建学の
精神、「生きる力」を育む。人間科学部（人間科学科、
保育子ども学科）、国際社会学部（国際社会学科、国際
コミュニケーション学科）、男女共学の夜間大学院設置。
2017年度全体の就職率98％、保育子ども学科の幼稚園・
保育所の採用実績は2016、2017年度で100％。1年次よ
り「ライフデザイン科目群」が授業として用意され女性
視点のキャリアデザインが段階的に学べる。キャリアセ
ンターによる個別相談も充実。

〈文化・芸術・体育系〉

●女子栄養大学は1933（昭和8）年、香川昇三・綾が提唱する「予防医学」研究から発足した「家庭食養研究会」を起源とする。食と健康をテーマに栄養・保健学の研究、食文化の探求と創造に力を注ぐ。板戸キャンパスには栄養学部（実践栄養学科，保健栄養学科，食文化栄養学科）、遺伝子から社会環境まで幅広い研究者を養成する男女共学の大学院、駒込キャンパスには短期大学部設置。2017年度管理栄養士の国家試験合格率は99％、合格者数は235人で全国1位。養護教諭採用者数36人。食文化栄養学科の就職率は100％。大学全体の就職率は98.8％。学生の希望に合わせた進路実現のためのきめ細かいキャリアサポートを準備。

●女子美術大学は、1900（明治33）年「芸術による女性の自立」「女性の社会的地位の向上」「専門の技術家・美術教師の養育」を建学の精神として創立。1949（昭和24）年、学制改革により女子美術大学として発足。私立の美大では最も歴史がある。芸術学部に美術学科（洋画・日本画・立体アート・美術教育・芸術文化）、デザイン・工芸学科（ヴィジュアルデザイン、プロダクトデザイン、環境デザイン、工芸）、アート・デザイン表現学科（メディア表現領域、ヒーリング表現領域、ファッションテキスタイル表現領域、アートプロデュース表現

領域）の1学部3学科9専攻4領域。短期大学、大学院設置。2018年度の就職率は全体で90.3％。卒業生は就職せず作家の道を志すものも少なくない。学内企業説明会、キャリア支援プログラムが充実。

●日本女子体育大学は1922（大正11）年、二階堂トクヨにより二階堂体操塾として創立。建学の精神は「体育を中軸に据えた全人教育」、根底には「女子体育は女らしい優美なものに、母となるべき健康なものに」の教育理念を持ち、体育教育だけでなく、生理学、衛生学、解剖学、国語、英語、音楽、心理、倫理など広範な学問領域に配慮した。今も男性と対等・平等である女子のための、家庭教育や社会教育まで視野に入れた、体育を軸とする女子教育が受け継がれている。2020（令和2）年4月より、体育学部の1学部2学科4専攻から1学部4学科に。体育学部（スポーツ科学科、ダンス学科、健康スポーツ学科、子ども運動学科）、短期大学、大学院設置。2017年度の就職率は全体で99.3％。学校教員採用試験合格者（小・中・高等学校）合計66人。幼稚園教諭15人、保育士18人。4年間のキャリアサポートですべての学生を全方向から支援する。

　このように女子大学は初年度から学生一人ひとりをきめ細かい就職活動の支援プログラムでサポートしている

ことがわかる。9校の女子大学は就職率・資格取得率が高い。女子だけに特化したキャリア教育がしっかりと確立されている証拠といえよう。つぎに受験生のニーズに対する女子大学の内側からの取り組みを検証していく。

第3節　受験生のニーズに対する女子大学の姿勢

1.　共学大学にはない専攻分野
（1）家政・人文系3女子大学の家政学領域

　大妻女子大学家政学部は、被服学科、食物学科（食物学専攻、管理栄養士専攻）、児童学科（児童学専攻、児童教育専攻）、ライフデザイン学科の4学科4専攻に分かれているが、その方向性は「一人の生活者としての視点」から問題に取り組み、それを科学的に研究することで解決方法を生み出していく学問領域。家政学というイメージの「子ども・調理・洋裁」の枠組を超え、人間、生活、社会、環境全般を見据えて身の回りの物事を分析、研究し新しい生き方をデザインするために必要な発想と技術を身につける学びである。各学科で所定の要件を満たす単位を取得すれば1級衣料管理士、保育士、幼稚園・小学校・中学校・高等学校の各教諭、学校図書館司書教諭、図書館司書、博物館学芸員、レクリエーション・インストラクター、栄養士・管理栄養士受験資格な

ど努力次第で多彩な資格が与えられる。

　鎌倉女子大学の家政学部には家政保健学科と管理栄養学科が設置。家庭、地域、企業活動、学校教育のリーダーとして活躍する女性の養成を目指している。取れる資格はどの家政系大学もほぼ同じだが家政保健学科では、いわゆる保健室の先生「養護教諭1種」免許状取得が可能である。また管理栄養学科では栄養士、管理栄養士の育成のほか「栄養教諭1種」免許状が取得できる。2005（平成17）年度より学校における食育の推進を担う「栄養教諭」制度が施行され、小・中学校に栄養教諭が配置されることになった。職務は肥満や偏食、食物アレルギーなどの児童に対する個別指導を行う。

　共立女子大学家政学部は被服学科（アパレル情報コース、染織文化財コース、造形デザインコース）、食物栄養学科（食物学専攻、管理栄養士専攻）、建築・デザイン学科（建築コース・建築分野、建築コース・インテリア分野、デザインコース・プロダクト分野、デザインコース・グラフィック分野）、児童学科の4学科からなる。各学科は専攻やコース・分野に応じて目的を達成しやすいようにきめ細かいカリキュラムが用意されている。たとえば共立女子職業学校以来の伝統を誇る被服学科では文化遺産としての染織品の保存修復（染織文化財コース、3年次から各分野に分かれて専門的に学ぶ）や

流行に左右されるアパレルビジネスを科学的にアプロー
チする取り組み（アパレル情報コース、造形デザイン
コース）など、研究領域・学習科目は多岐にわたる。実
習や市場調査を授業に取り入れた実学教育で世界に通用
する「衣の専門家」を育成。中・高等学校家庭科教諭1
種免許状のほか衣料管理士1級、学校図書館司書教諭、
学芸員などの資格が取得できる。

(2) 女子美術大学のアート・デザイン表現学科、ヒーリ
　　ング表現領域
　自分らしい感性を表現し社会の多様な文化ニーズに応
えられる高度な技術を持った人材の育成を目指す女子
美。アート・デザイン表現学科のヒーリング表現領域で
は、癒しを必要とする人に寄り添うアートとデザインを
コンセプトに作品の制作と理論研究を行っている。小児
病棟や介護施設の白く無機質な環境を壁画などのアート
（芸術）によって癒しの空間に改善するなど20年近い取
り組みの上で、2010（平成22）年に開設された。日本
では初めての学問領域。キャラクターデザイン、絵本、
壁画、コンピューターグラフィックス、ぬいぐるみ、玩
具・遊具のデザインなどヒーリング表現には欠かせない
骨格をなす実技・演習科目で構成される。中・高等学校
美術教員のほか、医療・福祉・公共施設でのアートコー

ディネーターなど専門職として就職するもの、絵本作家
やイラストレーターを志す学生も。

(3)　2020（令和2）年4月開設の日本女子体育大学ダン
ス学科

　「1学部2学科4専攻」が「1学部4学科」に昇格するこ
とで、入学した学生は明確な目的意識を持ってより専門
的で高度な学びや研究ができる。今回開設されたダンス
学科は国内の大学では初めて設置が認められた。創り、
踊り、観るというダンスの基礎的能力の向上と発展を図
ることが目的。舞踏芸術や表現運動の基礎理論を学び、
様々な踊りのテクニックや振り付け、演出を習得し、独
自の表現ができるようにする。また舞台公演の制作・マ
ネジメント・音響・照明などの舞台効果理論やその方法
を学ぶ。小学校や特別支援学校教諭1種免許状、中・高
等学校教諭1種免許状（保健体育）が取得可能だ。

(4)　栄養学を専門とする女子栄養大学

　女子栄養大学の栄養学部には管理栄養士や栄養教諭を
目指す実践栄養学科、また保健栄養学科の栄養科学専攻
では栄養士・家庭科教諭・臨床検査技師を、保健栄養学
科の保健養護専攻では養護教諭や看護科教諭を目指す学
生が多い。1993（平成5）年に文化栄養学科として設置

され2006（平成18）年に名称変更した食文化栄養学科を含めると現在1学部3学科2専攻が組織される。この比較的新しい食文化栄養学科の教育理念は「食文化・食産業の発展に貢献する食のスペシャリストの養成」だ。食文化と栄養学の知識の上に新しいメディアの使い方やアイディアを学習し、豊かな食文化、食生活を正しく解りやすく表現して伝えていくことのできる専門家を養成するという。3年次からは5つのコースから選択し学びを深める。地域食材の開発や商品化・ブランド化など計画・実施する①食の文化探求コース、店舗の企画運営やメニュー開発など手掛ける②食のサービスコース、食を通した情報発信の③食の表現コース、食ビジネスに必要な広い知識を身につける④食の企画コース、調理師やパティシエールを目指す学生に⑤調理・製菓プロフェッショナルコースが設置されている。将来の進路を見据え入学した新入生を大学側は強力に支援する。なりたい自分を想定してどの学科を受験するかを自分で選ぶキャリアプランニングはこの時点からスタートする。

2. ミッション系3女子大学の少人数教育
(1) フランス語習得、臨床心理士に強い白百合女子大学
　白百合はカトリック教育を基盤に一人ひとりの個性を尊重する徹底した少人数教育を実践。伝統の文学部、フ

ランス語フランス文学科では1年次フランス語授業が週5回。フランス人教員が担当する「フランス語コミュニケーションⅠA」「フランス語総合ⅠA・B」を習得、2年時より週4回の達成度別クラスで「フランス語コミュニケーションⅡB」、「アトリエⅠ・Ⅱ」を学習。3・4年次で研究テーマを深める「専門ゼミ」と4つのプログラムから関心に応じて様々なテーマが選択できる。授業時間以外でもフランス文学科研究室常駐のフランス人ティーチング・アシスタントが発音の練習や会話の相手になってくれるなど学生へのサポート体制は万全。人気の臨床心理士を目指すなら一般入試2教科（国語・外国語）で人間総合学部の発達心理学科を受験。大学を卒業したら大学院の発達心理学専攻（博士課程前期）へ進学し2年間の過程を修了すれば実務経験がなくても大学院で「臨床心理士」受験資格が得られる。

(2)　入学後に学科を選ぶ教育システムと副専攻制度のある聖心女子大学

　創立以来カトリックの精神とリベラルアーツ（一般教養）教育で「一生を支える力」を学生一人ひとりが身につける。幅広い知識や的確な判断力を養い、個としての自己を確立し、未来に向けて自らの考えを自らの言葉で発信できる人間の育成を目指す。そのために学科・専攻

を入学時点では決めず、1年次の終わりに選択する。入学してからの1年間は全員が「基礎課程」に所属し、将来の自分にはどの科目が必要なのかをじっくり見極め、2年次進級のときに8分野の中から興味のある学科を選択する。また2年次から所属する学科を主（major）として学びながら、もう一つの学科を副（minor）として履修できる制度がある。学科の枠を超えて、自らの研究テーマをさらに深く学び、多面的能力を養うことが可能に。取得可能な資格には日本語教員、司書教諭、社会調査士、幼稚園教諭のほか小・中・高等学校の教諭一種免許状（各学科によって中学は英語、国語、社会、宗教、高校は英語、国語、地理歴史、公民、宗教）がある。実施されているキャリアカウンセラーによるキャリアカウンセリングは職業選択のアドバイスにとどまらず相談者個人の生き方を多方面から支援したプログラムを作成する。将来の方向性や働き方の戦略なども気軽に相談できる。

(3) 4年間の少人数ゼミと履修可能な全学共通科目がある東洋英和女学院大学

　新入生は学部学科ごとの内容で1年次フレッシュマンセミナーが行われる。15人ほどの少人数ゼミ形式の授業で、大学で勉強していくうえで必要な本の読み方、レ

ポートの書き方、発表のしかた、ノートの取り方、など
基本スキルを修得。2年次には基礎演習と基礎ゼミナー
ルで3年次以降の学びに備え興味のある分野に所属して
グループワークを通し基礎知識を修得する。3年次には
卒業研究を見据えた学びがスタート、調査や発表を通し
て研究テーマを絞り込む。4年次にはテーマを決め卒業
論文執筆と完成。その間、学生の自学習を支える学習サ
ポートセンターでは常駐するスタディコンサルタントに
よって数学、英語、日本語表現、各種資格や検定試験な
どの個別指導が受けられる。高い就職決定率要因のひと
つにキャリア形成支援があるが支援は学生一人ひとりの
個性と希望を尊重し人生設計をするために設置されてい
る。プログラムは年間40講座以上開催される。また4年
間を通して全学生が履修可能な全学共通科目には「キリ
スト教関連」「アカデミックスキルズ」「ウェルネス」
「ライフデザイン」「コミュニケーションスキルズ」「リ
ベラルアーツ」の6つの共通科目群がある。なかでも女
性の生き方について学ぶ「ライフデザイン」科目群で
は、女性の人権やジェンダー問題を分析しながら女性の
立場、あり方を学び、女性の視点に基づくライフデザイ
ン力を身につける。

　少子化、教育改革、共学人気、と女子大学を取り巻く

課題は多く現状も厳しいが、共学大学とは異なる個性豊かな取り組みがあきらかになった。終章では女子大学が果たす役割がどこにあり、その役割によってどんな存在意義があるのか、探っていきたい。

終　章　令和時代を迎え、女子大学の、
　　　　新たな役割と意義を探る

　9女子大学の各キャンパスは緑に囲まれて整然と美しく、充実した図書館、食堂、各種実習室、学生の研究・サポート施設、生涯学習施設等が設置されていた。

　鎌倉女子大学と日本女子体育大学の両大学院は修士課程のみ設置、他7校ではいずれも大学院博士課程が設置され、学部に対応し研究を深めることが可能となっている（女子栄養大学大学院：男女共学、東洋英和女学院大学：男女共学の夜間大学院）。女子大学は偏った専攻領域といわれてきたが、それぞれに各分野のスペシャリストを育成する専門のコースに分けられ、個性を打ち出している。それでは、今まさに女子大学の中にいる学生、そして教員や卒業生は女子大学の存在をどのように捉えているのだろう。

第1節　学生から見た女子大学の魅力

　2019（令和元）年の秋、日本女子大学在学の3人の学生から、女子大学を選んだ理由、これからの時代の女子大学の役割、存在意義などを聞いてみた。

ケース1：日本女子大学3年：田邉七海さん（人間社会
　　　　　学部　教育学科）
　中・高が共学校だったので、女子しかいない環境には

不安や抵抗があった。就職率も良いという母の勧めで日本女子大学の存在を知り、高校3年の夏に母とオープンキャンパスに行くと、楽しそうな雰囲気で、ここもいいなと思った。入学試験では第一志望の共学大学と一緒に受け、結果として日本女子大学に来ることになった。すぐに県立高の出身者で同じような境遇の仲間と仲良くなったが、みんなまじめで、勉強に適した環境だった。

　様々な場所での出会いも、この大学に来て良かった理由の一つ。ゼミでは先生が貴重な経験を積ませてくれる。今は、女性のリーダー像について勉強しているが、女性がリーダーになるとはどういうことなのか、研究してひとつの論文に仕上げることになっている。上野千鶴子さんにインタビューをするという滅多に経験できない貴重な機会をいただいて、嬉しく思っている。

　1年のとき1か月、文化研修でフランスに行き素敵な先輩方に出会えた。3年になる春休みには1週間、スウェーデンの幼稚園、小・中学校を見学した。幼稚園の園庭は日本とは比べようもなく広く、雨の日も風の日も雪の日もレインコートで重装備しながら子どもたちを外で遊ばせるらしい。また、決まったクラスがなく、子どもたち自身がクラスを選び自由に移動できるシステムが魅力的だった。スウェーデンの教育方法には日本と違い、子どもたちが主体的に行動できる工夫が沢山あり、

124

とても勉強になった。

　日本女子大学の目標にブルーム　アズ　ア　リーダー（Bloom as a leader）がある。持っている能力を開花させ、それぞれのステージでリーダーになる、という意味だ。社会に出たら男性・女性関係なく活躍できるよう、自分も向上心を持って働きたい。そのような女性を育成していくことが女子大学の役割と思う。政治家も女性の社長も日本には少ないのでリーダーの育成は大事だ。私自身の体験からも、女子大学は、これからも存在してほしい。

ケース2：日本女子大学3年：花岡小夏さん（人間社会
　　　　　学部　教育学科）

　日本女子大学を選んだ理由は、幼稚園教諭になりたいと思ったから。免許の取れる女子大が多い中で、2015年の9月からはじまったNHK朝の連続ドラマ「あさが来た」のヒロインの生き方に共鳴したのと、日本女子大学が、日本で最初にできた女子大学だということも選んだ理由の一つ。ドラマを見ていて、成瀬仁蔵先生たち創設者の教育理念に感銘を受けた。

　共学大学に進学した友人と話す機会があるが、結構まわりに流されているような気がする。みんなで出かけたり、遊んだりしている。うらやましい気もするが、私自

身、授業はキチンと受けたいし友人とも決め合ってオンとオフをはっきりさせている。女子大学だと友人との「ほどよい距離感」にも恵まれていて、日本女子大学に入学したことは良かったと思っている。

　これからの時代の女子大学の役割や存在の意義については…女子大学が、これからも存続していけるのかどうかはわからないのではっきりとは言い切れない。人気があるのは共学大学の方だから。今の社会では、男性に有利な制度もあって、男の人の方が優位にある。社会に出て女性がリーダーシップをとるのは難しいように感じるが、日本女子大学では "Bloom as a leader" と書かれたポスターが様々な場所に掲げられていて、私たち女性が、リーダーシップをとっていけるように後押しをしてくれている。いいなと思う。自分の力を生かして、いろいろな立場でリーダーになる「女性」を育てていくことは、これからの女子大学の大きな役割でもあるし存在の意義でもある。

　児童館で小学生の放課後の面倒を見るアルバイトをしている。ダウン症など様々な課題をかかえる子どもがいるが、幼稚園教諭を目指す者として、自分らしく力を尽くし、子どもたちと向きあう時間を大切にしたいと思っている。

ケース3：日本女子大学4年：下沢あす花さん（人間社
　　　　会学部　教育学科）

　料理に興味があり勉強したかったので女子大学を選ん
だ。高校のとき日本女子大学の教育学科に推薦枠がある
ことを知り、母親の勧めもあって猛烈に勉強し推薦を取
ることができた。もともと「いいお母さんになりたい」
願望があり、教育学科なら子どものことを勉強できると
思った。

　小学校のときに家族で海外旅行に行き、客室乗務員を
見てテキパキと仕事をする姿にあこがれ、将来は私もこ
んな人になりたいと卒業文集にも将来の夢として書いた
が、本当に行動を起こしたのは大学3年の春。仕事は人
生の中で大きく時間を割く部分、なりたい自分になって
成長できる環境に身を置きたいと、それが客室乗務員
だったことに改めて気づいた。珈琲店でアルバイトをし
ているが、ふとしたことで、お客様がすごく喜んでくれ
たことが嬉しかった。まだまだ未熟者だが、客室乗務員
の立場で多くの人々を幸せにしたい。また喜ばせたいと
思うし、様々な国を訪れて人間的に大きくなれたら嬉し
い。女子大学の役割は…女性もこれからは積極的に働い
ていくと思うので、世界に活躍できる、また妻としても
家族を支えられる、そんな両方がスッとできる、そうい
う人材を育てていく役割があると感じている。

　高校が共学だったので、全員女子の今の方がのびのびできる。恋愛に捉われない、いざこざもないところがいい。入学する前、女子大は全体にキツイ・イメージがあったが、全くそういうことは無かった。周辺にはやさしくて気遣いのできる友人が多い。日本女子大学に来て素晴らしい仲間や先生に出会えた。心の底からこの大学に来て良かったと言える。料理のことは勉強できなくなったがこれも、めぐりあわせ。人生で一番良かった選択であり、本来、ここに来るべきだったのだと、今では思っている。

　話をしてくれた3人の学生に共通するのは入学してからの満足感である。友人や先輩、教師との有意義な出会い、異性を気にすることなく勉強に打ち込める環境、指導者（リーダー）としての育成に力を注ぐ女子大学の確かな魅力が伝わってくる。なかでも「女子大学の役割は、女性もこれからは積極的に働いていくと思うので、世界に活躍できる、また妻としても家族を支えられる、そんな両方がスッとできる、そういう人材を育てていく役割があると感じている」の言葉が印象的であった。
　第3章のアンケート調査から見ても、回答してくれた東京女子大学の学生約6割が現実の男性優位社会を認識して、そのために女子大学の存在は必要だと答えてい

る。女子大学に求めるものも、就職に強い支援体制であり、国際的に通用する実力の養成、のびのび学習できる環境に、高い支持があったことを付け加えておきたい。

第2節　大学教員・卒業生から見た女子大学、その検証と考察

ケース1：井上信子氏（日本女子大学教授、発達臨床心理学・臨床教育心理学）

「生身の男性と接する前に女子だけの関係をしっかり体験する必要のある学生がいる。そのナイーブさに応えるために女子だけの学校環境があってもいい」

　普通に健康な子どもの無意識の中に芽生える初めての性的な関心は3歳〜6歳ごろ（第1期）で、女児の場合は父親に対する恋心と母親に対するライバル心になりやすい（男児はその逆が多い）。そのときに父と母の関係が良く夫婦の絆があり家庭があたたかければ問題はない。子どもは父親に対する気持ちが幻想であったことを確認し、性的エネルギーを抑圧して友だちとの対人関係に発展させることができる。

　思春期になると第2期がやってきて父親への気持ちが再燃する。ここでもまた第1期と同じように両親がエロス的につながった絆があると、イメージの中の父親をうまく抑圧できて、少女から女性へと心の成長を遂げるこ

とができる。そのプロセスを通して父親への性的なあこがれから自立し自分の年齢にふさわしい異性を恋愛対象に選択できるようになる。この父親に対する性的葛藤を解消するということは、父親と同時に母親からも自立することで、とても重要なことだ。

　最近感じるのは、この父親への葛藤がなかなか解消できない学生が多い。したがって「少女」からなかなか「女」にのぼれない。理由は、両親の関係がうまくいっていない、または反対に父親の存在が近過ぎて自分のものになってしまっているからだ。結果、少女は父親以外の男性が目に入らなくなる。家庭の中の夫婦関係、親子関係が充実していないと、好きになる異性が年齢の高い人に偏ったり結婚に踏み切れなくなったりする。そういう学生の援助になるよう授業の中でさりげなく取り上げ、ゼミでディスカッションをする。彼女たちは女子だけの集団の中で悩みを共有し解決のきっかけを自らつかんでいく。4年間はそうした大人の女性に移行するために必要不可欠な時間だ。落ち込んでいる学生に、みんなで包んであたためて心の葛藤を乗りこえる力や勇気を与えることができるのも女子大学の良さ、大事な役目ではないか。

ケース2：竹内寿恵子氏（日本女子大学OG、桜楓会理事、むさしの男女平等推進市民協議会前会長、武蔵野市男女平等推進審議会委員）

「生きることは行動すること、呼吸することではない─らいてうの言葉が座右の銘、卒業しても社会を変える力でありたい」

　日本女子大学入学を決めたのは母の勧めである。戦前の日本において、目白の女子大学はあこがれの的であった。入学した国文科には東大の教員がそろい、女子大の教員たちもそれぞれの分野の第一人者が多く、教養科目から専門科目まで授業そのものが面白かった。驚いたことは、教員たちが、私たち学生にどれほど丁寧な対応をしてくれたかということ。敬語を使うだけではなく、学生の一人ひとりを大切に扱ってくれた。こういう姿勢は自分が教える立場になったとき大いに参考になった。

　クラブはワンダーフォーゲル部に入った。男女共学の大学ならリーダーになるのも、重い荷物を持つのも男子に偏ることが多いだろう。1970年代は、まさにそうだった。

　女子大学に学ぶ者は3、40キロのザックを背負って山道を歩く。体力がつくこと、この上ない。男性に頼れない環境は必然的に自分の頭と身体を使って生きることになる。これらの経験が後にどれほど役にたったのか計り

知れない。私の原点は、間違いなくこの日本女子大学時代にある。入学した昭和45年に四年生大学に進んだ女子は4％しかいなかった。それより70年も前の明治時代に成瀬仁蔵が女子大学を創立した。その使命感に感動する。女性を「人間」として見ていない社会に、女性をまず人間として、婦人として、国民として育てようとした。彼がいたからこそ、平塚らいてうはじめ綺羅星のごとく日本女子大出身者は、今も活躍している。私自身も男女が平等であるためには男女ともに経済的、生活的、精神的自立が大切と考え実践してきた。子育てをしながら働くが故に困った経験から、武蔵野市の男女共同参画推進の公募委員になった。先進的と思っていた武蔵野市に男女平等の条例がないことをきっかけに、「むさしの男女平等推進市民協議会」に入会。役所任せではなく自分の問題として捉え、仲間と条例案を作り上げ、市長に提出した。「生きることは行動することである。呼吸することではない」が座右の銘だ。大先輩、平塚らいてうの言葉である。この言葉を胸に、日々、行動している。

ケース3：藤原房子氏（東京女子大学OG、日本経済新聞元編集委員・日本女性学習財団元理事長）
「草の根の女性たちをまきこんで男女共生社会に向けた新しい動きを起こす。そのために女子大生の知的パワー

を活かすことが女子大学の教育の使命だ」

　昭和23年の2月に東女を受験。旧制女学校を卒業して東女に入学した年に新制高校が発足、それで私たちの学年は1年間予科課程を受けてから新制の大学4年を過ごした。5年間の寮生活、結構楽しかった。女子大学の存在意義は、どこでもよく言われているが、すべてのことを女だけでやることでかなり力がつくことだ。総会で議事がもつれたときでも、仕切り役、調整役、いろんな役に対して腹を決め、女だけで取り組む。

　当時5月にプレイデイという運動会があった。仮装行列とかコース対抗レースとか力仕事すべて女同士で頑張った。今おもうと、やればできるリーダーシップや自信が確かに身についた。だから「能力は経験の関数だ」っていろんな所でよく言っている。経験して、はじめて自分の能力がわかる。経験してみないと自分にできるかどうかもわからない。女子大であれば100％女だけでやらされるわけだから、経験が積み重なって力が自覚できるようになる。女が実力を養成していく上で、土壇場で何かを解決するという経験は必要なことだ。また「男にはない女の視点」とか、「男の発想」とかよく聞くけれど長い間新聞記者をしてきて90％は「男女」重なっていると思う。ただその1割に関していえば弱者に対する目や生活者の視点といったものに、女性の方が自

然に表現できるかもしれない。しかし性差というよりその人の個性や価値観であり識別は不能だ。

　それよりも女子大学を毎年卒業していく知的パワーを活かして、今まで不毛の地であった女性マジョリティをいかに女性問題解決の味方に再構成するか、考えてみてほしい。男女共同参画社会が遅々として進まないのは草の根の女性たちを全く動かすことができなかったからだ。一部のエリート女性がジェンダー論を声高に叫んでも、「何それ！　ハッピーじゃないの今のままで」というのが女性大衆の本音である。ジェンダーバイアスに対する是正や関心が届いていないマジョリティ女性に、新しい動きを起こすのは、女子大学の重要な使命だ。

ケース４：有田富美子氏（東洋英和女学院大学大学院客
　　　　　員教授、経済統計学・国際社会学）
「共学大学が努力すればほとんどの女子大学はいらなくなる。女子大学でやっていることはすべて共学大学でもできることだから」

　東洋英和女学院大学の夜間大学院で教えているが、ここは社会人を経験してくる学生が多い。４：６で女性の方が人数的に多い、といっても男女で意識の差は全くない。NGOスタッフの養成に重点を置いた専門的な教育を行っているが資格を取得して職業に活かす人もいれば

そのまま職場にもどる人もいて、それぞれだ。

　女子大学の良さは確かに女性が実力をつけやすい所ではある。異性がいないことで、のびのびと勉強もできるし友だち関係もよく、みんな仲がいい。ただ個人的にはこれから女子大学をつくるというなら、必要ないと思っている。就職率がいいのは女子大だから…と言うなら共学大学でも女子に力を入れればすむことで、何も女子大でなければできないということではない。逆に今まで女子があまり選択してこなかった工学・農学系の大学で、女子に力を入れる共学大学が出現することの方が重要だと考える。つまり共学大学の考え方ひとつで女子大学はいらなくなるかもしれない。

　今、世の中は男社会というが、ではなぜ女の人が少ないのか。それは能力のある女性が男性に比べて少なかった、からだ。能力があっても手を上げる女性が男性に比べて少なかった、それだけのことだ。能力があれば、登用される。上級公務員もそう。登用が先にあるのではなくてまず能力だ。つまり、女性の管理者が男性に比べて少ないのは、女性の力不足に他ならない。私自身は、本来大学というのは、いろんな人たちがいるから大学なのだとおもっている。男がいて女がいて、留学生がいて、社会人がいて、みんなが同じ立場でディスカッションをする。そこから、新しい発見や価値観が生まれてくるの

ではないか。

ケース5：千田有紀氏（武蔵大学教授、現代社会学・ジェンダー社会学・家族社会学)

「性差別がなくなれば女子大学の歴史的使命は終わるかもしれない。だが、社会はまだ男性中心であり男性標準になっている」

　高校時代は男性と女性比が2対1、大学でも男9割、女1割の共学校で過ごしてきた。そんな中で彼らとうまくやっていくために身につけたのが「エラそうにしない」「男のプライドを傷つけない」「意見を通すには時に根回しも必要」「もめごとの修復は飲みにケーションで」などのスキルだった。そういう点で、異性を気にせず勉強や研究に集中できる女子大学はのびのびと過ごせる環境に大きな意味がある。

　前に教えていた大学は国立だが女子学生が多く、成績優秀者も圧倒的に女子が占めた。状況を認めたがらない男子からは「女子はまじめにコツコツ勉強するから成績も上位へいく」と解釈されていた。不思議なことだが「頭がいいから」とはみなされない。

　就職に関しては、驚いたことに、今の大学でもほとんどの女子学生は総合職ではなく一般職を選ぶ。理由は、そんなに活躍しなくてもいいから、細く長くずっと働き

続けたいから、と。結婚して子育てしながらでも働くことの意義を見出しているのかもしれない。だから転勤も出張もある総合職を、あえて選ばないのだ。男中心の社会が変わらないのは、このあたりにあるのかもしれない。

「2020年までに官民で働く指導的な地位に女性が占める割合を30％にする」という政府の目標2030は掛け声だけに終わりそうだが、やはり女性が「女性30％」の中に入って、指導的な地位を得て、総合職でもやっていける誰もが働きやすい環境をつくっていくときに、やっと男子標準になっている日本の社会が変わっていくのだろう。

今の時代に、女子大学が必要か必要でないかと聞かれれば、消極的回答だが、なくさなくてはいけない理由はない。世の中のほとんどの比較の基準が男性になっているから。何物もおそれずストレートに切り込んでいく女子大学のパワーに期待したい。

ケース6：諸橋泰樹氏（フェリス女学院大学教授、マスコミュニケーション学・社会学・女性学）
「男社会の中で女性が1人でも生きていける力をつける、それが女子大学の役割。本来の女子教育で社会を担う人材を育てるのが女子大学の存在意義ではないか」

　いくつかの共学大学や女子大学で教えてきたが、バリバリのキャリア志向を売りにする女子大学は日本にはまだ少ない。アメリカの名門女子大学や韓国の梨花女子大学校では、社長になる、政治家になる、弁護士になる、大学の教員になる、医者になる、など高い目標を掲げ厳しい競争を突破してきた学生を迎え入れる。大学側もしっかり教育して社会をリードする女性エリートをたくさん輩出する。彼女たちは結婚してもしなくても子どもを持っても、仕事をして自分の足で生きていく。ヒラリー・クリントンさんがそう。セブンシスターズのひとつで名門女子大学のウェルズリー大学を出て、エール大学の法律大学院で学び弁護士になる。ビル・クリントンと結婚してファーストレディになったが、それだけでは終わらない。自らも大統領になろうと最後までトランプ候補と戦った。日本では、国立大など偏差値レベルの高い一部女子大学を別にすれば全体にぬるま湯的、中途半端なところが多い気がする。それには親の態度が関係しているのかもしれない。「卒業していいところに就職して4〜5年経ったら仕事はやめて結婚して子どもを産んでくれたらそれで満足だ」と。学生自身も、高校から学校推薦でくると明確な目的意識もないまま入ってしまう。「育ちの良いお嬢さん」だけでは、現実の男社会でやっていけない。

　フェリスでもお嬢様大学からキャリア志向にシフトチェンジして就職率を上げてきた。毎年100％近い学生が就職する。ここ2〜30年、ジェンダー教育と国際交流に力を入れてきたが、就職するならフェリスへ行きたい…といった明確なキャリア意識を持った学生はなかなか来ない。教師からすると、そこが物足りない。残念だったのは、結婚したとたん「うちの主人が…うちの主人は…」と、うちの主人を連発する元学生がいたこと。いったいジェンダー教育はどこに行ってしまったのか…。

　ただ人生は長い。「就職したら定年までしがみつけ！苗字を変えずに突っ走れ！」とはなかなか言えないが、将来に何があっても、女子大学で鍛えられ身につけた「力」は確かな生涯の財産になる。女子大学の大きな役割だろう。

ケース7：湊晶子氏（広島女学院院長・広島女学院大学
　　　　　学長、東京女子大学元学長）
「イエ社会（日本的意識構造）から脱却するためには自己の確立が不可欠。その『個』を自分の中に根付かせるために女子大学の役割がある」

　なぜ日本で女性の自立がさけばれるのか。それは「イエ」という概念が今なお残っているからだ。明治維新に

よって自由民権の思想が急激に日本に入ってきたが明治政府は戸主の支配権で統率された戸主と家族の共同体というイエ制度だけは残してしまった。

　このイエ制度が存続したということは、依然として個人とか人格とかそういう概念がイエの中に埋没していることを示す。だから日本人の意識構造の中に「個」の意識の希薄さを否定できない。国際交流が重要とされる現在、日本で必要なものは「個」の発見と「人格」の確立だ。以前教えていた東京女子大では個と人格の確立を１．キリスト教主義、２．リベラルアーツ教育、３．女子大学という３つの柱から育成してきた。つまり人と人との間で自己形成をしたらうぬぼれか自己卑下になるが、絶対者を縦軸におくことで自分の位置がつかめる。そして分野を特化した専門教育ではなく学問の基礎に重点をおき、学際的な視野を重視するリベラルアーツによって他者とのつながりの中の自己を発見し、個性を伸ばす。

　また女子大だから18 〜 22歳という最も異性を意識する時代に気を散らさずに勉強ができる。このとき身につけたものは一生もの、私の語学はこの４年間の成果であり、80代の今も通用する財産だ。大事なことをもうひとつ付け加えると、それはネットワークの形成である。個がひとつでは何もできない。可能性を広げるために必要なことだ。

　さて、この中で注目したいのはケース４：有田氏の意見「共学大学の努力次第で女子大学は必要なくなるであろう」というものである。おそらく多くの人が心の底で考えていることではないだろうか。

　第２章のアンケートの中で、80代の社会人男性が自由記述欄に、つぎのように書いていた。

「女子大学が絶対必要とは思っていない。もしその必要があれば、共学大学の中の一部門として存在すればよい。これからも存在し続けるのなら女子大学という、共学大学とは異なる存在価値を表明していくことに尽きると思う。女性と男性の感性の違いはあって当然だから、男性にはない女性の特性を育てていく場所としての女子大学に期待する」と。

　すべての大学で女子を受け入れている現在、確かに女子大学の本来の使命は果たし終えたといえる。しかし、どうだろう。ここで大きな疑問が残る。有田氏の「今、世の中は男社会というが、ではなぜ女の人が少ないのか。能力のある女性が男性に比べて少なかったからだ。能力があって、手を上げる女性が、男性に比べて少なかった、それだけのことだ」にひっかかる。果たして、それだけのことなのか。男性より能力ある女性はおそらくたくさんいるはずである。ケース５：千田氏も言って

いる。成績優秀者は女子が占めると。では、なぜ女性た
ちは男性にその席を譲ってしまったのか。能力があって
手を上げても登用する側に無視されてしまった可能性は
どうか。たまたま男性と競い合い男性の方が、結婚して
子どもを産み育てる可能性のある女性より使えそうだ
と、落とされた可能性はないのか。男性に席を譲ること
が女性としての自尊感情の低さや自信のなさからくるも
のであるとしたら、それが問題なのである。ケース7：
湊氏がいう「イエ制度」から脱却できない、自己確立の
できていない女性がたくさんいる、という証明になって
しまう。再びアンケートによれば「変えた方がいい女ら
しさ」のトップに女子大生が選んだ項目は「自己主張せ
ず」で74％の支持があった。共学大生全体でも63％で
同じ項目を選んでいるが、共学大生より10％も多い女
子大生が「これからは自己主張をしていく」、つまり
「力があれば自信を持って手を上げるよ」と宣言してい
るようで興味深い結果であった。ちなみに「変えたい」
2位は女子大生が「従順さ」で64.9％、共学大生の「従
順さ」は47.8％であった。ケース6：諸橋氏の「女子大
学の役割は女性1人でも生きていける力をつけること」、
とあったように、女性の自立に対するこだわりの教育
が、少しずつ学生の中に根付いてきているように思われ
る。

第3節 「令和」、新しい時代を展望して

　2015（平成27）年12月、第4次男女共同参画基本計画が策定された。2025（令和7）年度末までの基本的な考え方と2020（令和2）年度末までを見通した具体的な取り組みを定め、4つの「目指すべき社会」として提示している。

1. 個性と能力を十分に発揮できる、多様性に富んだ豊かで活力ある社会。
2. 人権が尊重され、尊厳を持って個人が生きることのできる社会。
3. 男性中心型労働慣行等（長時間勤務や転勤が当然とされている男性中心の働き方を前提とする労働慣行）の変革を通して、仕事と生活の調和が図られる社会。
4. 男女共同参画を最重要課題として位置づけ、国際的な評価を得られる社会。

　2003（平成15）年には男女共同参画推進本部による「社会のあらゆる分野において、2020年までに、指導的地位に女性が占める割合が、少なくとも30％程度になるように期待する」、や、2013（平成25）年6月に日本再興戦略で積極的是正措置（ポジティブ・アクション）、

　M字カーブ問題の解消に向けた取り組み、2015（平成
27）年8月には「女性活躍推進法」が成立している。こ
のように日本は国をあげて男女格差の解消に取り組んで
いるにもかかわらず、なぜ、目に見えるかたちで男性優
位社会が是正されないのだろう。

　それは女性たちが「男性優位社会」を認めてきたから
に他ならない。あるいは心の中では認めていなくても、
多数の女性たちは「ノー」といって行動を起こさなかっ
たからではないのか。ケース3：藤原氏の意見にもあっ
たように、一握りのエリート女性だけが頑張っていても
世の中は変わらない。神田道子（1983，p239，240）は
「平等な生き方の実現に取り組んでいる女性には2つの
タイプがある」としてつぎのように述べている。「現状
の中で個人的に平等な生き方の実現に取り組む女性を
『先行型女性』、もう一方は社会的条件づくりに力を注ぐ
女性で『先導的女性』と呼ぼう。先行型女性の出現は、
それまでの価値観や慣習的な考え方に影響を与える。た
とえば女性が航空管制官になったという事実は、女性で
もそうした仕事ができるという証明になり、固定観念を
変える働きをする。―中略―これにたいして先導型女性
はひとり先に行く女性ではない。社会的条件を作ってい
くためには、多くの人が力を合わせていく必要がある
し、条件ができれば多くの女性が平等な生き方に向かっ

て動き出すであろう。多くの女性とともに集団をつくり、仲間を持ち、そして先導型女性の後に多くの女性が、その方向に向かって続いていく」。さらに「平等な生き方を実現するためには、現在重視される必要があるのは、この先導型女性である」と強調している。まさに、日本女子大学の卒業生、ケース2：竹内氏の、「社会を変える行動力」に示されている。女子大学は、このような先導型女性を輩出することが大きな役割であり、また令和の時代における女子大学存続の意義ではないだろうか。

　つぎに、第4次の基本計画の中で目指すべき社会として取り上げられた「個性と能力を十分に発揮できる、多様性に富んだ豊かで活力ある社会」の在り方に対応した女子大学の取り組み、トランスジェンダー学生の受け入れを表明したお茶の水女子大学（国立）、奈良女子大学（国立）、宮城学院女子大学（私立）の、3女子大学に注目する。

ア、2018（平成30）年7月、お茶の水女子大学の室伏きみ子学長は同大学のホームページ入試・入学案内の中で「お茶の水女子大学は、自身の性自認にもとづき、女子大学で学ぶことを希望する人（戸籍上男性であっても性自認が女性であるトランスジェンダー学生）を受け入れ

ることを決定しました。─中略─今後固定的な性別意識
にとらわれず、ひとりひとりがその個性と能力を十分に
発揮し、〈多様な女性〉があらゆる分野に参画できる社
会の実現につながっていくことを期待しています。─略
─」として2020（令和2）年の学部、大学院の入学者か
ら受け入れを実施した。

イ、奈良女子大学も2019（令和元）年7月、ホームペー
ジ上で、今岡春樹学長の「─略─時代状況や社会の変化
に柔軟に対応することを目指してきた奈良女子大学は、
〈性／性別〉の定義が大きく変化している国際的動向に
照らし、これまでの〈女子〉の概念を拡大して〈女性と
しての性自認を持つトランスジェンダー女性〉を受け入
れることとします。このように、自らの性を〈女性〉と
自認する者に学ぶ権利を積極的に保障することは、国立
大学法人たる女子大学の責務であると考えます。─略
─」と発表。2020（令和2）年度から推薦入試と通常入
試で、実施された。

ウ、宮城学院女子大学は2019（令和元）年9月、平川新
学長よりホームページ上で「宮城学院女子大学は開学
70周年を迎える2019年度『共生のための多様性宣言』
を表明し、本学で学ぶことを希望するトランス女性（戸

籍上男性であっても性自認が女性である人）を受け入れることを決定しました。―略―隣人愛に立ってすべての人の人格を尊重する建学の精神のもと、それぞれが自分らしく生きられるよう背中を押すことが、本学の使命の一つであると考えています。―略―」として2021（令和3）年度の学部入学者から受け入れるとしている。また、読売新聞の2018年7月3日によれば、学習院女子大学、津田塾大学、東京女子大学、日本女子大学の私立女子大学4校が受け入れを検討中という。

　第2章の一般社会人アンケートで、60代女性が次のようにコメントしている。「異性を気にすることなく同性に囲まれた環境で学びたいという女性のために『女子大学』は必要であると思う。しかしLGBTの権利を認めていこうという時代に―略―トランスジェンダーの受け入れをどうしていくのか、といった課題を、これからの女子大学は前向きに考え、提案していってほしい」と。
　また、第3章の学生アンケートでも東京女子大学の大学院生が「これからの時代はジェンダーレスだと思う。性別は、男・女の2種類だけではない、もっと性・ジェンダーの多様化を考えたい」と書いている。
　2018年7月14日の東洋経済ONLINEで、津田塾大学学長の高橋裕子氏が―「心は女性」の学生を女子大が受

け入れる意味─と題する次のような一文を寄せている。

「─略─アメリカ教育省は2014年4月29日、教育機関での性差別を禁じた法・タイトルIX（1972年制定）によって、トランスジェンダー学生が差別から守られなければならないと発表した。この発表に後押しされた形で、マウントホリヨーク、ブリンマー、ウェルズリー、スミス、バーナードの各大学が、2014年から2015年にかけて次々に、出生時に男性とされたが女性と性自認する「MTF（Male to Female）」のトランスジェンダー学生を受け入れるアドミッションポリシーをウエブサイトに公開した。21世紀においても躍進するアメリカの女子大学に共通する特徴は、性的マイノリティの権利保障を含む人権、環境、平和など、あらゆる社会正義（Social Justice）への深いコミットメントにある。」

「─略─ジェンダーギャップ指数が144カ国中114位（2017年）の日本社会では女性はいまだに社会のあらゆる分野において十分に包摂されていないという現状がある。一人ひとりの個性を育む卓越したリベラルアーツ教育のもとで、誰ひとりとして取り残さないインクルーシブなリーダーシップのあり方を探っていくこと、そして社会性正義に深い関心を寄せ、社会改革の牽引者となっていく女性を育てていくことが、これからますます求められていくだろう。」

「さまざまな分野で力量を発揮している女性リーダー層をロールモデルとして学ぶこと、他の機関や組織では十分に達成されているとは言えないユニークな環境の中で育まれることは、今こそ意義があると言える。この閉塞した日本社会や不安定な世界を救うために、女子大学がそのミッションを、そして堅持してきた核となる価値を、新しい言葉で言語化していかなくてはならない。」

　女子大学そのものがひとつの「大きな力」となって、社会を動かす「潮流」になる。各女子大学が得意とする研究分野のノウハウを結集し、各地の女子大生が連帯感を持って、真摯に課題解決に向かうとき、男性たちの意識を、男性標準を変える「確かな力」になりそうである。高橋氏のいう女子大学が社会変革の主体者としての女性を育成するとき、男女共同参画社会の実現はそう遠くない。

むすびにかえて

　2004（平成16）年12月、社会人編入学した東京女子大学のゼミで加藤春恵子先生ご指導のもと卒業論文として書いたものが「男女共生時代の女子大学」でした。時代は新しく令和となり、すべての内容を再調査の上情報を刷新し、この度出版させていただくことになりました。とても嬉しく思っております。

　ご多用の中を快くインタビューに応じてくださった諸先生方、学生の皆様、卒業生の方々、アンケートに協力くださった西久保コミュニティセンターに集う皆様や成蹊大学文学部・東京女子大学現代教養学部学生の皆様、本当にありがとうございました。

　また、落ち込むたびに励まし支えていただいた日本女子大学の井上信子先生には感謝の言葉もございません。そして

　アンケート調査のアドバイスと的確な道筋を示してくださいましたフェリス女学院大学の諸橋泰樹先生には、あらためて御礼を申し上げます。

引用文献

天野正子（編著）（1986）『女子高等教育の座標』 半田たつ子・亀田温子・河上婦志子・矢野真知・岡田千佳子・田中祐子・西村由美子・平野貴子 pp.30-42，67-73．垣内出版

青島祐子（2001）『女性のキャリアデザイン』 130-142．学文社

『生き残る大学別冊宝島』浅野恭平（2002）国立大学「サバイバル戦線」に異常あり！ 44-45 宝島社

麻生 誠（1987）『女子の高等教育』 女子の高等教育についての三つの提言 日本女子大学女子教育研究所（編） pp.14-21 ぎょうせい

大学 生き残りへ「質」追求（2004）『 読売教育新世紀 Retrieved August30，2004 from the World Wide Web:http//www.yomiuri.co.jp/education21/index.html

『大学選びの新常識 2019年度版』（2018）専門職大学に注目 PP.30-31 講談社Mook

大学危機早まる 志願者と入学者同数2007年度に（2004）読売教育新世紀 Retrieved August30，2004 from the World Wide Web:http//www.yomiuri.co.jp/education21/index.html

『大学ランキング2005年度版』（2004）朝日新聞社 453-591

第四次男女共同参画基本計画（2015）第1部 基本的な方針 内閣府男女共同参画局

『男女共同参画統計データブック2015 日本の女性と男性』 男女共同参画統計研究会／編 PP.104-111 ぎょうせい

橋本ヒロ子（2000）『国連・国における女性政策の推進と現

状　女性政策・女性センターを考える』　84-106．財団法人
東京都女性財団

ひとりひとりが幸せな社会のために　男女共同参画社会の実
現を目指して　令和元年版データ　PP.1，2　内閣府・男女
共同参画推進連絡会議

イヴァン・イリイチノ（1984）『ジェンダー』『ジェンダー女
と男の世界』　57-60，283-289．玉野井芳郎（訳）岩波現代
選書

女子栄養大学・女子栄養短期大学部　GUIDEBOOK　2019
入試広報課

海後宗臣・仲　新・寺﨑昌男（1999）『教科書でみる近現代
日本の教育』　pp.9-24，52-59，92-94，124-128，160-165.東
京書籍

鎌倉女子大学2019　KamakuraWomen'sUniversity 大学案内
鎌倉女子大学入試・広報センター

神田道子（1983）『これからの女性の生き方と学習』女子教
育問題研究会（編）pp.228-243.日本放送出版協会

喜多村和之（2003）『なぜ大学改革か　大学改革がわかる』
4-8　AERA　Mook

国連特別総会「女性2000年会議」アドホック全体会合に関す
る報告書　RetrievedOct.

27，2004fromtheWorldWideWeb:http//www.gender.go.jp/
wy2000/seiji-sengen.html

「心は女性」の男性 女子大OK　トランスジェンダー お茶大
20年度（2020）から　読売新聞　2018年（平成30年）7月3
日　総合

「心は女性」可能3校目　宮城学院女子大私立では初めて　読
売新聞　2019年（令和元年）9月22日　社会

小山郁子（1991）明治期における女子職業教育の様相　塩川浩子他共同研究『女性学のための基礎研究』pp.75-85. 共立女子大学文学芸術研究所

共立女子大学・共立女子短期大学　OFFICIAL GUIDE 2019 わたしの自立は、誰かを支える力になる。　共立女子大学・共立女子短期大学入試事務室

湊　晶子（2002a）女子大学の今日的使命『大学と学生』通巻452号　文部科学省　2-6.

湊　晶子（1992b）フェミニズムと神学の接点　東京基督教短期大学論集第22号　pp.25-31.

宮城学院女子大学　共生のための多様性宣言　2019.9.21
http://www.mgu.ac.jp/main/about/kyousei/

内閣府男女共同参画局（2003）女性のチャレンジ支援策について　内閣府男女共同参画局推進課

なかやみわ　JOSHIBI　no187

奈良女子大学におけるトランスジェンダー学生の受け入れについて　2019.7.22
http://www.nara-wu.ac.jp/nwu/news/transgender/index.html

2019　女子美術大学　女子美術短期大学部　大学案内　女子美入試センター

日本女子体育大学　WILL 2020　日本女子体育大学入試・広報課

OTSUMA　women's　university guidebook　2019　大妻女子大学　大妻女子大学短期大学部　広報・入試センター

お茶の水女子大学　トランスジェンダー学生の受け入れについて　2018.7.10
http://www.ao.ocha.ac.jp/menu/001/040/d006117.html

佐々木啓子（2002）戦前期女子高等教育の量的拡大過程 17-28，45-53，63-65，126-134.東京大学出版会

聖心女子大学　University of the Sacred Heart，Tokyo 2019 聖心女子大学 入学広報課

聖心女子大学　7 Stories 聖心女子大学 入学広報課

白百合女子大学　SIRAYURI UNIVERSITY GUIDE BOOK 2019白百合女子大学入試広報課

杉田孝夫（1996）日本社会と女子学生　利谷信義・袖井孝子（編）　pp.22-39.『高学歴時代の女性』有斐閣選書

隅谷三喜男（1988）『女子大学はどこに立つか』 43-48，159-166　新地書房

高橋裕子（2018.7.14）「心は女性」の学生を女子大が受け入れる意味　東洋経済ONLINE

田中かず子（2002）ジェンダー研究　絹川正吉（編）『リベラル・アーツのすべて』 pp.208-213．東信堂

TOYO EIWA UNIVERSITY GUIDEBOOK 2019東洋英和女学院大学 東洋英和女学院大学入試広報課

山本和代（1987）生涯教育における女子高等教育の役割　日本女子大学女子教育研究所（編） pp.262 『女子の高等教育』ぎょうせい

寄田啓夫・山中芳和（2002）『日本の教育の歴史と思想』 pp.61，67-81，129-131，136，138，155-157，177-193．ミネルヴァ書房

湯川次義（2003）『近代日本の女性と大学教育』 110，128-136，210-217，240-244，338-345，428-434，479，588-594，675-696，697-704.不二出版

著者プロフィール

向井 一江 (むかい かずえ)

1948年、東京都生まれ。

女子聖学院中等部・高等部卒業。
大妻女子大学短期大学部家政科卒業。
武蔵野市男女平等情報誌『まなこ』編集長39号〜46号まで務める。
ジェンダーの基礎を学びなおすために2002年4月東京女子大学現代文化学部へ社会人編入学、2005年3月卒業。
2007年4月〜2008年3月『武蔵野市第四期長期計画・調整計画』策定委員。
2015年11月〜2016年10月 武蔵野市男女共同参画基本条例検討委員、基本条例起草委員。
2010年12月〜現在 東京都民生委員・児童委員として活動。

令和時代の女子大学　今、求められる役割と意義

2020年12月15日　初版第1刷発行

著　者　向井 一江
発行者　瓜谷 綱延
発行所　株式会社文芸社
　　　　〒160-0022　東京都新宿区新宿1−10−1
　　　　　　　　　電話　03-5369-3060（代表）
　　　　　　　　　　　　03-5369-2299（販売）

印　刷　株式会社文芸社
製本所　株式会社MOTOMURA

ISBN978-4-286-22118-2